rowohlts
monographien
herausgegeben
von
Kurt Kusenberg

Marquis de Sade

in Selbstzeugnissen
und Bilddokumenten
dargestellt von
Walter Lennig

rororo bildmonographien

Rowohlt

Dieser Band wurde eigens für «rowohlts monographien» geschrieben
Herausgeber: Kurt und Beate Kusenberg
Umschlagentwurf: Werner Rebhuhn
Vorderseite: Phantasie-Porträt des Marquis de Sade
Lithographie, 1829 (Ullstein Bilderdienst, Berlin)
Rückseite: Erstürmung der Bastille am 14. Juli 1789
(Ullstein Bilderdienst, Berlin)

Veröffentlicht im Rowohlt Taschenbuch Verlag GmbH,
Reinbek bei Hamburg, September 1965

Gesetzt aus der Linotype-Aldus-Buchschrift
und der Palatino (D. Stempel AG)
Gesamtherstellung Clausen & Bosse, Leck
Printed in Germany
680-ISBN 3 499 50108 2

1.–15. Tausend September 1965
16.–20. Tausend April 1967
21.–24. Tausend März 1977
25.–27. Tausend August 1980

Inhalt

Der Marquis de Sade.
Imaginäres Bildnis, 1938 von Man Ray
nach Personalbeschreibungen der Polizei gemalt

DAS PANDÄMONIUM DES SEXUS

Der Marquis gehört rechtens in diese Sammlung von Künstler-Monographien, weil er ein großer Schriftsteller war. Wie bei keinem anderen vielleicht ist es notwendig, de Sades Leben und persönliches Schicksal zu kennen, und dies tunlichst, bevor man sich mit dem Werk zu befassen beginnt, weil dieses zwingend aus jenem hervorgeht und anders kaum begreiflich wäre. Das Engagement de Sades – und er war ganz und gar «engagiert»! – war das einfachste und direkteste, das es geben kann: es galt ihm selbst, und zwar ausschließlich. Da sein Zeitalter befunden hatte, daß innerhalb der menschlichen Gesellschaft ein Wesen wie er nicht geduldet werden könne, kämpfte er unentwegt um sein Recht, zu sein, was er war, und versuchte in allen seinen Werken zu beweisen, daß selbst ein so extrem unmoralisches Geschöpf, für das ihn alle Welt hielt, unter veränderten Vorzeichen zum Repräsentanten eines moralischen Systems werden könnte, sofern man dieses von der wahren Natur des Menschen ableitete und nicht von hypothetischen Geboten. Er verwahrte sich dagegen, schuldig gesprochen zu werden, weil sein abseitiges Triebleben eine Laune der Natur, unabänderlich und selbstverständlich auch «unheilbar» sei – damit rührte er schon früh, allzu früh, an ein Dilemma der Rechtsprechung, das in unseren Tagen die Geister bewegt: ob sich Recht auf eine Moral gründen lasse, die ihrerseits nicht stabil begründet und noch weniger bewiesen werden könne. Das gilt in erster Linie für die Geschlechtsmoral: wo nach Freud das Unbewußte die meisten Anomalien regiert, kann wissenschaftlich nicht mehr von einem bewußten Laster die Rede sein – wogegen sich allerdings die Jurisdiktion noch immer leidenschaftlich sperrt.

Nun soll man freilich de Sade nicht immer gleich mit Freud in Verbindung bringen; sie haben nur wenig miteinander zu tun und sind dazu Kinder gänzlich verschiedener Epochen. Es wäre de Sade nie in den Sinn gekommen, daß man sexuelle Abartigkeiten heilen könne; er ging im Gegenteil von einer unveränderlichen Anlage aus, akzeptierte die herkömmlichen Kategorien Gut und Böse mit der Maßgabe, daß die natürlichen Triebe und Wünsche des Menschen eigentlich böse genannt werden müßten, weil sie in so unaufhebbarem Gegensatz zu alldem standen, was in der geltenden Tugendlehre das Gute genannt werde. Insofern war dann sein Bekenntnis zum Bösen nur ein Selbstbekenntnis, zugleich jedoch das Verlangen nach Leben, Freiheit und Gerechtigkeit, weil es sich um eine menschliche Spielform der launenhaften, gänzlich ihrer Selbstverwirklichung hingegebenen Natur sei.

Die Form dieser Rechtfertigung auf der Basis eines natürlichen Rechts hatte de Sade großenteils der materialistischen Naturphilosophie La Mettries entnommen – ein heute gänzlich vergessener Philosoph der Aufklärung, der sich einst vor seinen Verfolgern nach Preußen retten konnte und hier von Friedrich II. eine auskömmliche Sinekure bis zu seinem Tode, 1751 in Berlin, erhielt. Eine andere, wichtige Komponente lieferte Rousseau für das Denken de Sades.

Rousseau hatte seine bukolische Schwärmerei vom «natürlichen Menschen» mit einer Verfluchung von Kultur und Geschichte verbunden, die ihn beide nach seiner Überzeugung nicht besser und edler gemacht, sondern nur verdorben hatten. Diesem «natürlichen Menschen» galt de Sades ganze finstere Leidenschaft, er übernahm es, die Idee, die Rousseau in die Welt gesetzt hatte, gewissermaßen zu Ende zu denken, also in eine möglichst konkrete Vorstellung zu verwandeln, die im Rahmen seiner schwarzen Romane nur noch entsprechend zu personifizieren war. Zum natürlichen Menschen gehören die «Naturrechte», deren oberstes der Anspruch auf Freiheit ist – Rousseau selber hat später durchaus das unlösbare Dilemma erkannt, das zwischen dieser natürlichen Freiheit und dem unvermeidlichen Verzicht auf ihre Ausübung durch die Unterwerfung unter die «volonté générale» bestand. De Sade aber hatte reichlich Gelegenheiten, den blutigen Exzessen des «Volkswillens» beizuwohnen, man kann ihm jedenfalls nicht die Erfahrung absprechen, wenn er in diesen Exzessen wahre Orgien der entfesselten «Natürlichkeit» zu erkennen glaubte. Zum Unterschied von Rousseau verläßt sich de Sade nicht auf das Kriterium des Gefühls, sondern bleibt bei der philosophischen Vernunft. Aufs radikalste wendet er sich gegen die Sentimentalisierung der Natur, die große Illusion seines und des kommenden Jahrhunderts. Vor allem ist ihm der natürliche Mensch der eigentlich unfreie, denn er gehorcht ohne Einschränkung seinen Trieben und läßt sein Handeln nur noch von der Unterscheidung zwischen Lust und Unlust leiten.

So exemplifiziert de Sade, etwas summarisch formuliert, die populäre Maxime «Zurück zur Natur» auf seine Weise und inszeniert jene infernalische Welt, in der es, mit versetzten moralischen Vorzeichen, trotz aller Bestialität ganz logisch zugeht. Nach dem unwandelbaren Gesetz der grausamen «Stiefmutter Natur» verdrängen seine Gestalten keinen Wunsch und keine noch so zerstörerische Begierde – die Vokabel «verdrängen» stammt freilich nicht von de Sade, aber sie drängt sich jedem modernen Leser fast unwiderstehlich auf. Wenn freilich de Sade nicht ansteht, die Gestalten seiner Romane böse und verbrecherisch zu nennen und sogar ausdrücklich seinen Stolz darein setzt, seine Helden äußerst hassenswert gemacht zu haben, dann vergißt er selten den Hinweis, daß wenigstens die soziale Ungleichheit in einiger Entsprechung zur natürlichen Ungleichheit aller Menschen stehe: die Freiheit zum Bösen setzt die Macht dazu voraus; die Lust an der Grausamkeit bedarf der wehrlosen Schwachen.

Das Ressentiment des Marquis ist so umfassend, daß es seine Argumente sowohl aus der Verdammung der Natur wie aus der sozialen Struktur seiner Zeit holt. Er enträt darum auch nicht einer ständigen, inneren Widersprüchlichkeit, aber er litt schließlich an sich selber ebenso wie an seiner Zeit. Seine Manie war gewissermaßen auch ein

Verdienst: indem er Tugend und Laster dialektisch benutzte, hat er zugleich die prekäre Künstlichkeit jeder Gleichsetzung von sexueller mit moralischer Norm aufgewiesen. Die Sexualbestien in Rokokotracht in *Justine, Juliette* oder in *Les 120 Journées de Sodome* sind darüber hinaus sozusagen Planarbeiter auf dem Gebiete des Lasters, ihr bösestes und grausamstes Wüten im Sinne der «Stiefmutter Natur» hebt zu keiner Sekunde ihre lebhafte und logisch geschulte Intellektualität auf. Sie sind unermüdlich scharfsinnig dabei, alle, aber auch alle Möglichkeiten der sexuellen Perversion zu erschöpfen – auf dem Gebiet der reinen Katalogisierung hat de Sade der späteren Sexualwissenschaft fast nichts mehr zu tun übrig gelassen als die Ausbildung jener antiseptischen Terminologie, die es heute gestattet, über die meisten dieser Dinge zu plaudern, als handle es sich um eine Blinddarmreizung.

Jean-Jacques Rousseau

Auch als Philosoph hörte de Sade nicht auf, vor allem ein homme de lettres zu sein – dieser Ausdruck umfaßt mehr als unser Wort Schriftsteller, es bezeichnet eine spezifisch französische Daseinsform. Philosoph ist er, wie das nahezu jeder homme de lettres im 18. Jahrhundert war: destruktiv, aber nichtsdestoweniger zukunftsgläubig. Er bringt die Botschaft des Fleisches als Emanzipation von einer naturfeindlichen Moral, vor allem selbstverständlich als die eigentlich Sadesche Verbindung von Lust und Grausamkeit. Er selber hat das unübertrefflich formuliert: *Es gibt nichts Schöneres, nichts Größeres als das Geschlecht und keine Heilung ohne das Geschlecht.* Erst Sigmund Freud hat es mehr als ein Jahrhundert später wieder gewagt, den Sexualtrieb als das Haupt- und Zentralagens aller menschlichen Phänomene zu bezeichnen; das geschah jedoch in einem System kühler Wissenschaftlichkeit mit einer akademischen Terminologie – in dieser neutralisierten Form konnte es nun weltweiter Gesprächsgegenstand, wenn auch in sehr simplifizierter Vulgarisierung, werden. (Und welche Widerstände es dann gab und zum Teil sogar heute noch gibt, ist bekannt.) Aber noch ein anderer entscheidender Unterschied besteht. Freud war Fachgelehrter mit untadeligem Privatleben, de Sade hingegen war kein Wissenschaftler und galt zu seiner Lebenszeit – so sehr es größtenteils Greuelpropaganda und Massenverleumdung war – als der schlimmste Wüstling seiner Zeit: so wurde es leicht, seine Werke ausschließlich zur Pornographie zu rechnen, ja, selbst noch unter diese zu stellen.

Aber de Sades Ruhm bleibt es, wie wir heute zu erkennen vermögen, zum erstenmal das undomestizierte, dämonische Geschlecht beschrieben zu haben. Er hat in Abgründe geleuchtet, die vergessen schienen, und Zusammenhänge aufgewiesen, die sich noch keiner einzugestehen gewagt hatte. Die totale Schamlosigkeit bei alldem kann man auch Wahrheitsliebe nennen: er hat nichts beschönigt, verkleinert oder auch nur verhüllt. Der Mensch im Banne seines Natur-

Leopold von Sacher-Masoch

triebs ist eine wilde, grausame Bestie, zwischen der Lust und ihrem Opfer waltet eine wahrhaft teuflische Dialektik, der Befriedigung einer Naturgewalt entsprechen die Gegensätze Qual, Schmerz und Demütigung. Es war sehr überflüssig, später dem Sadismus den Masochismus entgegenzustellen: de Sade wußte bereits, daß es sich im Grunde um das gleiche Phänomen mit umgekehrten Vorzeichen handelt, ja, er selber empfand sich zeitweise sowohl als Sadist wie als Masochist und durfte mit Recht äußern, einer solchen Bipolarität in einem einzigen Wesen gerate praktisch alles zu Lust und Befriedigung: das Verbrechen gleichermaßen wie die zu erleidende Strafe – selbst der Henker wäre dann nur der letzte Wollust-Spender ...

Sigmund Freud

Man muß dies und noch etliches andere vorausschikken, wenn es gilt, de Sade nun endlich in Deutschland nach Gebühr bekannt zu machen. Daß in den letzten Jahren allerlei Übersetzungen einiger Werke des Marquis erschienen sind, bedeutet ja nicht unbedingt, daß ein echtes, reifes Interesse für ihn vorhanden sei. Wenn man heute von der totalen Sexualisierung des Menschen und des Lebens spricht, beruft man sich selbstverständlich auf Freud und nicht auf de Sade – keineswegs mit Unrecht übrigens, denn die Vulgarisierung Freuds hat unvergleichlich größere Folgen gehabt als die gelehrte Befassung mit de Sade. Der höllische Marquis hatte etwas anderes im Sinn als die heutige weltweite Verniedlichung und Verharmlosung des Sexus – eine «Vernatürlichung» übrigens, die nicht viel mehr ist als die Fortsetzung einer alten Heuchelei mit umgekehrten Mitteln. Was den Marquis jedoch nicht zum wenigsten auszeichnet, ist das Fehlen jeder Heuchelei, sei sie beschönigend oder diffamierend. Er stellt den Sexus unter den Aspekt des Dämonischen – das war nicht nur seine Antwort an Rousseau, sondern in der Radikalität der Ausführung auch schon fast die Widerlegung. Obgleich er selbst den Schluß daraus nie selber gezogen hat, drängt er sich dem Leser unwiderstehlich auf: alle Kultur und Gesittung des Menschen ist im unentwegten

Francesco Petrarca. Zeitgenössisches Bildnis. Paris, Bibliothèque Nationale

Kampf gegen die Natur errungen worden, alle zivilisatorischen Institutionen dienen der Sicherung des Menschen, es sind Errungenschaften des Verzichts, der kollektiven Selbstüberwindung. Die moderne Anthropologie übersieht heute einigermaßen den unsäglich mühevollen Weg vom Urmenschen zum Kulturmenschen. «Ein wesentlicher Inhalt der Kultur ist der Schutz des Menschen gegen seine eigene Natur», heißt es bei Arnold Gehlen.

Der Schock, der von den Werken de Sades noch heute auszugehen vermag, entzieht sich jeder Historisierung. Er ist mythischer Art. Er zielt auf das Tier in uns und auf die unheimliche Rolle der Intelligenz, wenn sie in den Dienst dieses Tieres tritt. Selbst wenn es ein Wahnsinn ist, hat er nicht nur Methode, sondern auch die Schönheit eines Malstroms. Aber der Marquis war gar nicht wahnsinnig, er war eher auf eine schreckliche Weise vernünftig. Der Haß war seine Muse – und doch geisterte in seinem Blutserbe noch ein ferner, seltsamer Schimmer jenes großen Lichtes der Liebe, das eine der wundersamsten Entdeckungen des Abendlandes ist, für immer mit dem Namen Petrarca verbunden.

Es war nämlich einer der Vorfahren des Marquis, der Graf Hugues de Sade, der am Anfang des 14. Jahrhunderts jene unsterblich gewordene Laura zur Frau nahm, die Petrarca zu seinen schmerzlich-sehnsüchtigen Sonetten inspiriert hatte.

Wenn man es nicht vorzieht, diese Tatsache empörend zu finden, muß man sie jedenfalls phantastisch nennen. Es ist der reine, ja der absolute Gegensatz in einer merkwürdigen Zwangsverbindung.

De Sade hat nach allem, was man weiß, nicht einmal einen sonderlichen Widerspruch darin gesehen, daß ein Abkömmling seiner Art eine solche Ahnfrau hat; er hat ihr Andenken zeitlebens gepflegt und berichtet aus dem Kerker von Vincennes sogar einmal, sie sei ihm im Traum erschienen und habe ihn getröstet – das klingt fast etwas sentimental bei dem Mann, der am liebsten die Sonne ausgelöscht hätte, damit sie die Menschheit nicht mehr bescheine. Die Liebe spielt zudem, wie kaum anders zu erwarten, in de Sades Werk eine geringe und nicht gerade rühmliche Rolle. Er nennt sie gelegentlich eine *fluch-*

würdige Angewohnheit, physische und psychische Dinge zu kombinieren – aber solche Bonmots waren im Rokoko nahezu an der Tagesordnung, und so erhebt sich, was de Sade die Figuren seiner Romane bisweilen zum Thema Liebe äußern läßt, keinesfalls über das Niveau Chamforts. Seine Gestalten demonstrieren – oder parodieren – das «Zurück zur Natur», es scheint ihnen keinem Zweifel zu unterliegen, daß die Liebe, und schon gar das sublimierte und hochvergeistigte Gefühl Petrarcas, nicht aus der Natur des Menschen abzuleiten ist: wenigstens darin wird man ihnen auch beipflichten können.

Angebliches Bildnis der Laura de Novis. Rom, Palazzo dei Conservatori

Wie man weiß, hat das neunzehnte, das bürgerliche Jahrhundert, mehr Liebesromane hervorgebracht als die Jahrtausende zuvor, ganz zu schweigen von Gedichten und Theaterstücken, die der Liebe galten, der erlaubten oder wenigstens geduldeten, denn die unerlaubte mußte selbstverständlich mit mehr oder weniger Tragik am bürgerlichen Sittengesetz scheitern. Von dieser Tragik ist nach der langen Agonie des bürgerlichen Europa kaum etwas geblieben, was sich heute nicht behutsam tarnen müßte, um nicht Kitsch genannt zu werden. Mit einer verblüffenden Folgerichtigkeit ist der Sinn fürs Tragische überhaupt genau in dem Maße geschwunden, als die «Aufgeschlossenheit für sexuelle Probleme» zunahm. Die großen Gefühle, die gefährlichen Leidenschaften, das ganze Pathos der Liebe – dies alles ging dahin mit den Widerständen, an denen es sich einst zu stauen vermochte. Was sich einst in einem langen, historischen Bewußtseinsprozeß als Gefühlskultur über den blinden Trieb gelegt hatte, ist in einem raschen und bedenkenlosen Abbau durch eine Resexualisierung ersetzt worden, deren wissenschaftlich-hygienische Verständigkeit jedem Geheimnis einen Namen und jedem Zauber eine Erklärung gibt. Die sogenannte Massengesellschaft dieses Zeichens vermag heute über die komplizierten Verbotslabyrinthe etwa der Viktorianischen Epoche nur noch zu lächeln; selbst der massive Zorn eines D. H. Lawrence ist ihr – soweit sie überhaupt noch von ihm Kenntnis nimmt – einigermaßen unbegreiflich. Es sei indessen die hypothetische Vermutung erlaubt, daß Donatien-Alphonse-François de Sade, der seine Ungeheuer und Scheu-

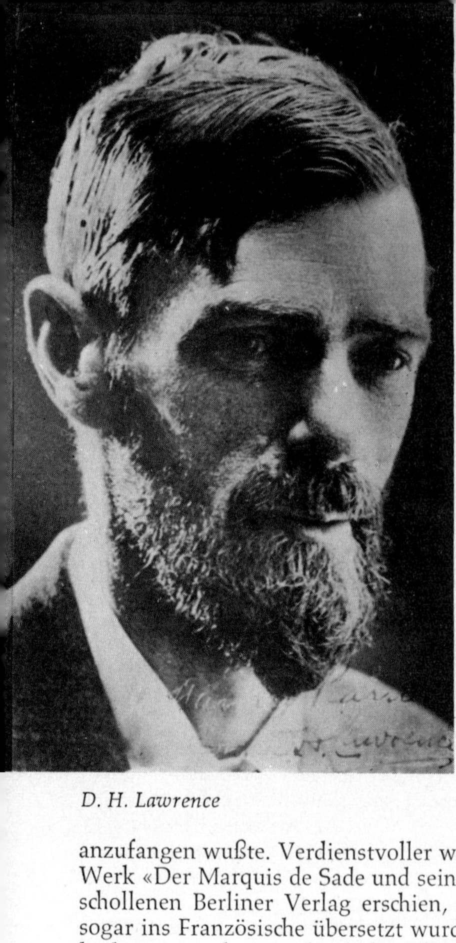

D. H. Lawrence

sale im echten Kostüm seiner gehaßten Epoche auftreten ließ – daß also der Marquis verlegen und etwas fassungslos wäre, wenn er einen Blick auf die Welt 150 Jahre nach seinem Tode werfen könnte. Zwar trennten bereits ihn mehr als vier Jahrhunderte von der hochgesegneten Ahnfrau Laura, aber nichtsdestoweniger will uns dies wie ein kurzer Gang erscheinen, wenn wir dazu in Vergleich setzen die nahezu unausdenkbare, die fast astronomische Entfernung, in der unsere Epoche dazu steht.

In den 150 Jahren, die nun nach dem Tode des obstinaten Marquis verflossen sind, hat er im Unterschied zu anderen Ländern in Deutschland nahezu keinen literarischen Einfluß ausgeübt. Otto Flake hat ihm 1930 eine Studie gewidmet, aus der eigentlich nur hervorgeht, daß Flake mit dem Phänomen Sade nichts anzufangen wußte. Verdienstvoller war da schon Dr. Eugen Dührens Werk «Der Marquis de Sade und seine Zeit», das 1901 in einem verschollenen Berliner Verlag erschien, mehrere Auflagen erlebte und sogar ins Französische übersetzt wurde. Dühren interessierte sich allerdings nur als Sexualpathologe für de Sade, literarische Bedeutung billigte er ihm nicht zu. Aber er machte sich die Mühe, für die von de Sade geschilderten Verbrechen, Laster und Ausschweifungen konkrete Muster aus der damaligen Sitten- und Kriminalchronik nachzuweisen. Das gelang ihm auch in einem kaum vorstellbaren Maße, am verblüffendsten gerade dort, wo man früher ohne weiteres an ein freies Spiel perverser Phantasie glaubte, so etwa die Reise Juliettes durch Italien mit den endlosen Orgien in Blut und Grausamkeit. Damit konnte fortan auch als erwiesen gelten, wie sehr sich der Marquis für seine Werke realer Fakten bediente, im Grunde also meistens die Wahrheit erzählte. Trotzdem scheint es auch Dr. Dühren (alias Ivan Bloch) nicht gelungen zu sein, de Sade in Deutschland nachhaltiger bekannt zu machen.

Hier soll auch gleich vermerkt werden, daß es auch in Frankreich, Italien, Rußland (vor 1917!) und England stets nur eine schmale

Schicht von Künstlern, Literaten und Kulturkritikern war, die in de Sade das dunkle Genie erspähte, den Entdecker eines mythischen Reichs tödlicher Gelüste, gegen den man sich nicht blind stellen darf, wie die Spätzivilisation in ihrer Hybris.

150 Jahre hindurch blieben die Hauptwerke de Sades verpönt und verboten, wurden nichtsdestoweniger immer wieder nachgedruckt, ohne Sorgfalt meist, darüber mit zahlreichen schlechten Illustrationen – nur etliche französische Sammler und Spezialisten kennen sich in der Reihenfolge und der Qualität dieser meist anonymen Nachdrucke aus. Nur wo durch einen Glücksfall die Handschrift erhalten blieb, konnte man später literarisch zuverlässige Neudrucke veranlassen. Einige Hauptwerke werden auch in absehbarer Zukunft nicht öffentlich und frei verkauft werden können, sondern nur innerhalb eines geschlossenen, namentlich bekannten Kreises durch Subskriptionsausgaben oder bibliophile Drucke. Für Deutschland ist demnach erst nach den beiden Weltkriegen die Stunde de Sades gekommen. Vielleicht hat de Sade heute gerade dem intellektuellen Deutschland Aufschlüsse zu vermitteln, die kein anderer zu geben vermöchte: sie betreffen den kollektiven Sadismus, wie er in den Folterkammern und Schinderhütten des SS-Staates praktiziert wurde – dieses Phänomen hat der «Citoyen Sade» während der Schreckensherrschaft erkannt, als Menschenmassen von Neugierigen genußvoll die Guillotine umlagerten.

Es gibt eine heillos erschreckende Erkenntnis, und sie besagt, daß in jedem von uns ein Stückchen Sade verborgen liegt, ein Stückchen seiner Anlage, eine unkontrollierbare Möglichkeit – etwas Archetypisches, schon als bloßer Gedanke unerträglich. Aber die Unerträglichkeit eines Gedankens ist kein Argument gegen seine Wahrheit, wie es ja ohnehin Wahrheiten gibt, die nur im Kostüm der Provokation überzeugen. Gab es je innerhalb des europäischen Kulturkreises einen größeren Provokateur als den Marquis de Sade?

DIE JUGEND DES MARQUIS

Wird ein Autor über 150 Jahre lang wegen seiner Werke als Monstrum verfolgt, dann erwartet man, was die Schilderung seines Lebens betrifft, so etwas wie die Biographie eines Monstrums. Aber das Leben des Marquis de Sade ist weit weniger monströs als man ahnt; monströs ist eher das Schicksal, das ihn zeitlebens verfolgte. Er wurde am 2. Juni 1740 in Paris geboren und am Tag darauf in Saint-Sulpice auf die Namen Donatien-Alphonse-François getauft, obwohl er Louis Aldonse Donatien heißen sollte. Aber die allein anwesenden zwei Dienstboten hatten das auf dem Weg vom Hôtel de Condé bis zur Kirche vergessen.

Der Stammbaum des Geschlechts de Sade führt bis ins frühe 14. Jahrhundert zurück; die Familie ist sicherlich sogar etliche Jahrhunderte älter. Aber man hat sich für das Jahr 1323 entschieden: in diesem Jahre vermählte sich der Ahn Hugues de Sade in Avignon mit Laura de Novis, unsterblich geworden als die Laura Petrarcas und verewigt in dessen unvergänglichen Liebes-Sonetten. Diese hochgerühmte Stammesmutter hat dem provenzalisch-italienischen Geschlecht eine gewisse Weihe durch die folgenden Jahrhunderte verliehen, die anhaltende Gunst dazu der französischen Könige und damit Aufstieg und Reichtum. Der Vater des 1740 geborenen Kindes brachte es zum Marschall, zum Gesandten an vielen europäischen Höfen und zum Statthalter über vier Provinzen. Durch die Ehe mit Marie-Eléonore de Maillé de Carman wurde er mit den mächtigen Familien Condé Bourbon und Richelieu verwandt. Im riesigen Stadtschloß Condé verlebte Donatien-Alphonse-François auch seine frühe Kindheit.

Durch meine Mutter mit allem verbunden, was es an Größtem im Königreich gab; durch meinen Vater an allem teilhabend, was die Provinz Languedoc an Vornehmstem hatte; geboren in Paris im Schoße des Überflusses und des Luxus, wähnte ich, kaum, daß ich denken konnte, die Natur und das Schicksal hätten sich vereint, mich mit ihren Gaben zu überschütten; ich glaubte dies, weil man so töricht war, es mir zu versichern, und dieser lächerliche Dünkel machte mich übermütig, despotisch und jähzornig; ich meinte, alles müsse sich mir fügen, jedermann müsse meinen Launen gehorchen und ich allein sei berechtigt, sie zu haben und zu befriedigen. Ein Beispiel aus meiner Kindheit soll Ihnen diese bedenklichen Gedanken illustrieren, die man so leichtfertig in mir genährt hatte.

Da ich im Palais des berühmten Prinzen geboren war und wohnte, dessen Familie anzugehören meine Mutter die Ehre hatte und der annähernd in meinem Alter war, beeilte man sich, mich ihm nahezubringen, damit ich durch diese Kinderfreundschaft später jederzeit Schutz suchen könnte. Meine damalige Eitelkeit jedoch, die diese Aussicht nicht begriff, ergrimmte eines Tages bei unseren Kinderspielen, weil er mir etwas wegnehmen wollte, mehr noch, weil er sich durch seinen Vorrang dazu berechtigt fühlte. Ich antwortete auf seinen Eigensinn mit Prügeln, keine Klugheit konnte mich davon abhalten und so mußten wir mit Gewalt getrennt werden. (Aus: *Aline et Valcour*)

Im Alter von vier Jahren reiste der Marquis, der bis dahin seinen Vater kaum je gesehen, in die Stammheimat Avignon. Dort wurde er feierlich von den Notabeln der Lehnsherrschaft begrüßt und begab sich dann, von Angestellten begleitet und beschützt, zuerst ins Languedoc zu seiner Großmutter Louise Aldonse, deren Mann erst vor einem Jahr gestorben war. *Ich wurde zu meiner Großmutter ins Languedoc geschickt*, schrieb de Sade später, *deren allzu blinde Zärtlichkeit in mir alle Fehler nährte.* Aber in Paris konnte der Junge nicht mehr bleiben, weil seine Mutter auf Verlangen ihres Mannes für unbestimmte Zeit nach Köln fahren mußte, wo es um wichtige Verhandlungen Frankreichs mit dem Kurfürsten ging. Vier oder fünf

Frontispiz von Aubrey Beardsley
zu «Earl Lavender» von John Davidson, 1895

Tanten vereinigten sich mit Großmutter Louise, um den hübschen Knaben völlig zu verzärteln und ihm jeden Streich durchgehen zu lassen. Ein Jahr später sahen aber doch alle ein, daß der Junge eines Erziehers bedurfte. Das wurde ein anderer Verwandter: der Abbé und geistreich-frivole Schriftsteller Jacques de Sade, der schon einige Affären hinter sich hatte. Der Abbé de Sade war ein alter Freund Voltaires, mit dem er regelmäßig korrespondierte, und verfügte über mehrere reiche Pfründen, die es ihm gestatteten, sorglos einem recht weltlichen Lebenswandel sowie dem Beruf eines homme de lettres nachzugehen. Er genoß hohes Ansehen durch sein berühmtes Werk über Petrarca und war insgesamt so recht der Typ «Grandseigneur-Abbé» im Ancien régime. Als sein kleiner Neffe zu ihm kam, war der Abbé vierzig Jahre alt, der Stolz der Provence und des dortigen Adels, von erlesener Bildung und ein funkelnder Causeur. Keine Frage, daß der kleine Marquis hier vom fünften bis zum zehnten Lebensjahr außerordentlich viel lernte, daß schon hier sein Geist entsprechend geformt wurde. Spätere Biographen behaupteten allerdings, daß er durch diese frivole, libertine Persönlichkeit des Abbé schon frühzeitig verdorben wurde. Über vergangene Jahrhunderte läßt sich jedoch nur aus dem Geist dieser Jahrhunderte urteilen, nicht aus dem Kanon späterer Epochen. Moralen sind ebenso der Vergänglichkeit und dem Wechsel unterworfen wie Kleidermoden.

Zehnjährig wird de Sade Internist des Pariser Collège Louis-le-Grand, das damals von gelehrten Jesuiten geführt wurde; zusätzlich erhält er in Abbé Amblet einen persönlichen Erzieher. Dieses Collège für Adelige hatte damals dreitausend Schüler, der Schultag begann um sechs Uhr früh und währte, mit einer einstündigen Mittagspause, bis neun Uhr abends. Auch in dieser wie der folgenden Zeit bekam er nur selten den Vater und seit 1760 fast gar nicht mehr die Mutter zu sehen, die sich in ein Karmeliterinnenkloster zurückgezogen hatte. Auf Geheiß des Vaters muß er dann, knapp vierzehnjährig, das Collège verlassen und sich nach Versailles in die Kavallerieschule der königlichen Garde begeben, in der nur Söhne des Hofadels Aufnahme fanden. Vermutlich erwog der Vater für seinen einzigen Sohn – zwei andere Kinder waren bald nach der Geburt gestorben – eine militärische Karriere, weil das Hausvermögen durch Mißwirtschaft stark zusammengeschmolzen war. Nach 18 Monaten Ausbildung wurde de Sade Unterleutnant, knapp zwei Jahre später als Kornett dem Regiment des Grafen von Provence zugeteilt und nach Deutschland in Marsch gesetzt: der Siebenjährige Krieg war ausgebrochen und Ludwig XV. war unter dem Drängen der Pompadour eine Allianz mit Maria Theresia gegen den «Marquis de Brandenbourg», wie er den preußischen König spöttisch nannte, eingegangen. Wie man weiß, hatte er das in der Folge zu bedauern; die königliche Armee war in einem desolaten Zustand und wurde von Preußen bei Roßbach schon bald nach Feldzugsbeginn zur Hälfte vernichtet. Aber doch zog man in den Folgejahren lange hin und her, bezog Quartiere und räumte sie wieder, plünderte und erhob willkürlich Kontributionen, um den murrenden Truppen etwas Sold zahlen zu können. Am schlimmsten trieben es französische Truppenteile in einigen Gegenden Hannovers. 1759 versieht de Sade Hauptmannsdienst im Burgundischen Kavallerieregiment und erhält einen Halbjahrsurlaub. Sein wildes Vergnügungsleben in Paris erschreckt seinen Vater, dazu kommen schlimme Geschichten aus seinem Militärleben, die ihn nun erreichen. Der junge Offizier hatte in den verschiedenen Standorten seines Regiments ohne Bedenken das wüste Leben seiner Offizierskameraden geteilt und sie womöglich noch zu übertreffen gesucht, dazu noch im Kartenspiel größere Summen verloren. In einem Brief aus dieser Zeit heißt es:

Ludwig XV. von Frankreich. Pastell von Quentin de la Tour

Wie konnte ich mir einbilden, daß die Mädchen, die ich sah, mir wirklich Freude schenken könnten? Leider kann man ein Glück, das man kauft, nie recht genießen ... Mein Selbstbewußtsein leidet unter dem Gedanken, daß ich vielleicht nur geliebt worden bin, weil ich vielleicht weniger schlecht bezahlte als ein anderer.

Der mißtrauische Vater hatte noch während des Feldzugs den jungen de Castéra beauftragt, ihm Berichte über das Betragen seines Sohnes zu schicken. In einem solchen heißt es:

«Bei jedem Aufenthalt hinterläßt er Kummer und scheidet auch seinerseits mit Bedauern. Sein junges Herz oder vielmehr sein Körper ist schrecklich schnell zu entflammen: wehe den deutschen Mädchen! Ich werde alles versuchen, ihn an weiteren Dummheiten zu hindern. Er hat mir sein Ehrenwort gegeben, nur einen Louisdor täglich zu verspielen ...»

De Sade selbst hat sich, wie man einer Stelle im Roman *Aline et Valcour* entnehmen kann, nur kurz über seine Militärzeit im Kriege geäußert:

Der Krieg brach aus. Meine Familie, auf meinen Dienst bei der Armee bedacht, ließ mich meine Erziehung nicht beenden. Zu einer Zeit, da andere noch zur Schule gehen, war ich schon bei meinem Regiment. Der Feldzug begann, und ich darf wohl behaupten, daß ich meinen Mann stellte. Die angeborene Wildheit meines Charakters,

Das Schloß von Versailles

die feurige Seele, die mir die Natur verlieh, gesellten zur unbeherrschten Tugend, die man Mut nennt und zweifellos zu Unrecht für die oberste bei Soldaten hält, Tapferkeit und Elan hinzu. Als mein Regiment im vorletzten Treffen des Kriegs vernichtet wurde, beorderte man uns wieder in die Kasernen ...

Der Marquis, später staunenswert belesen und kenntnisreich, muß sich seine Bildung wohl größtenteils selber angeeignet haben. Daß er ein tapferer Offizier gewesen ist, läßt sich schon an seinem schnellen Avancement zum Rittmeister erkennen. Moralisch hat sich diese Lebensphase jedoch ungemein zerstörend ausgewirkt. Als er 1763 nach dem Friedensschluß endgültig zu seinem Vater nach Paris heimkehrt, stürzt er sich in ein zügelloses Genußleben, hat dauernd Spielschulden und Ehrenhändel, wird Stammgast in den Theaterboudoirs und hält es nicht einmal für nötig, dem König, wie üblich, seine Aufwartung zu machen. Seinen misanthropischen, vorwurfsvollen Vater meidet der junge de Sade, wo nur angängig, und macht ohne Rücksicht auf die familiäre Vermögenslage immer neue Schulden. Trotzdem bleibt er für den alten Marschall der Stammhalter der Familie; er kann ihn nicht fallenlassen, obschon er ihn allmählich verabscheut. Als einzigen Rettungsweg sieht er schließlich die Verheiratung. Aber es wird gar nicht so leicht, eine passende Frau zu finden, denn in der Hocharistokratie hat der störrisch-liederliche junge Marquis bereits einen auffallend schlechten Ruf – wozu wohl auch beitrug, daß er nie im riesigen Hoflager von Versailles erschien, das damals über alles und jedes entschied. Als besonders vertrackte Schwierigkeit kam hinzu, daß der kommende Bräutigam sich ausgerechnet jetzt in eine jeder Vernunft trotzende Liebesleidenschaft zu einem Fräulein de Lauris stürzte, die dem ältesten provenzalischen Adelsgeschlecht angehörte und von dem überaus einflußreichen Vater natürlich längst für eine andere Partie vorgesehen war.

Hier kann gleich bemerkt werden, daß der rätselhafte Marquis mindestens viermal in seinem Leben Frauen ebenso leidenschaftlich wie unsadistisch liebte – einer nur der Widersprüche an diesem dunklen Phänomen. Er jedenfalls wollte damals Laure de Lauris und keine andere heiraten, er verließ Paris, um in Avignon der Geliebten nahe zu sein, und verlobte sich sogar heimlich mit ihr, als das schöne, kokette Mädchen, entzückt durch soviel Leidenschaft, seine Geliebte wird, so verpönt das damals vor der Ehe war. Was er nicht wußte, war, daß er weder der erste noch der letzte Geliebte Laures war, die trotz ihrer unstillbaren Sinnlichkeit in Vermögensdingen recht kühl und vernünftig denken konnte. Rechtzeitig schickte sie also ihren stolzen Vater vor und ließ ihrem Liebhaber eröffnen, er möge jeden Gedanken an eine eheliche Verbindung aufgeben. Der Verzweifelte muß dazu erfahren, daß die Geliebte ihr Herz bereits einem anderen Manne zugewandt habe und abgereist sei. De Sade schickt ihr einen desperaten Brief nach, in dem es unter anderem heißt:

Gewiß haben Sie die Gefühle meines Herzens nach den Ihren beurteilt. Nichtiger Grund, von Falschheit diktiert, Betrügerin, Undankbare! Sie fürchten, sich mit jemand zu verbinden, der Sie anbetet. Die Fesseln einer beständigen Kette fielen allein Ihnen zur Last, und Ihr Herz, das bloß der Unbeständigkeit und Leichtfertigkeit zugänglich ist, war nicht zartfühlend genug, um ihren Zauber zu erkennen ... meine Liebe genügt Ihnen nicht ... Ungeheuer, geboren, mich unglücklich zu machen. Möge die Untreue des Verräters, der meinen Platz in Ihrem Herzen einnimmt, Ihnen die Liebe eines Tages so verhaßt erscheinen lassen, wie Ihre Untreue sie in meinen Augen gemacht hat! ... Aber was sage ich? Ach, liebe Freundin, göttliche Freundin! Einziger Inhalt meines Herzens, einzige Wonne meines Lebens, meine Geliebte, wohin führt mich meine Verzweiflung! Verzeihen Sie die Worte eines Unglücklichen, der außer sich ist, dem der Tod das letzte Ziel ist, nachdem er verloren hat, was er liebte ... Wer kann mich ans Leben fesseln, dessen einzige Seligkeit Sie waren. Ich verliere Sie, ich verliere mein Leben, ich sterbe, ich sterbe den

Paris: Pont Royal und die Tuilerien

grausamsten Tod ... ich verwirre mich, liebe Freundin, ich bin nicht mehr bei Sinnen, die Tränen fließen, ich sehe wie durch einen Nebel ... ich begehre, denke, wünsche nur Sie!

Niemand würde vermuten, daß dieser leidenschaftliche Liebesbrief eines Zweiundzwanzigjährigen von einem Manne stammt, dessen Sexualhölle zu einer so ungeheuerlichen Provokation des zivilisierten Europa werden wird. Trotzdem wird er die flatterhafte Laure nicht mehr wiedersehen. Denn der besorgte Vater hat inzwischen in Paris bereits die richtige Partie für seinen Sohn ausgehandelt, es gibt kein Zurück, und der junge Marquis weiß das, er muß gehorchen. Angesichts der inzwischen völlig zerrütteten Vermögenslage der Familie geht es allein um Geld, um eine reiche Heirat – selbst der erlauchteste Adelstitel empfing Glanz und Geltung in der Gesellschaft nur mit genügend Vermögen dahinter. Die Erwählte ist die zweiundzwanzigjährige Renée-Pélagie de Montreuil, Tochter des Pariser Obersteuergerichtspräsidenten und dessen sehr resoluter und intelligenter Frau. Es ist eine Familie des sogenannten Robenadels, der seit Ende des 17. Jahrhunderts eine Rolle in Frankreich zu spielen beginnt: Richter- und Beamtenadel, der keinen Stammbaum vorzuweisen hat. Die Aussicht, einen Schwiegersohn aus altem Hochadel, und dazu, über die Condés, mit dem Königshaus verwandt, zu erhalten, war ein ungewöhnliches Glück für die Montreuils, die nicht nur sehr reich waren, sondern auch mächtigen Einfluß in der Versailler Hofgesellschaft hatten – übers Geld natürlich, durch welches viele Günstlinge in Versailles Schuldner der Montreuils geworden waren. Und Geld war es auch, was den jungen Marquis schließlich nachgeben hieß. Wie anders sollte er das leichtsinnige, verschwenderische Leben fortsetzen, an das er sich nach seiner Entlassung aus der Armee gewöhnt hatte? Sein Vater hatte sogar Mühe, zehntausend Francs zu leihen, um seinen ungeratenen Sohn für die Hochzeit neu einzukleiden und eine Equipage zu kaufen.

Es war Madame de Montreuil schon in den Wochen vor der Hochzeit ihrer Tochter dies und das zu Ohren gekommen, was nicht eben schmeichelhaft für ihren kommenden Schwiegersohn war: nicht nur die peinlichen Vorfälle mit Laure de Lauris in Avignon, sondern auch sein wüstes Leben in Paris. Der Vater des Marquis hatte alle Mühe, das Projekt zu retten, er plädierte wider seine eigene Überzeugung für seinen Sohn, über den er selbst sich nachgerade keine Illusionen mehr machte. Aber alles wurde zunächst wettgemacht dadurch, daß König Ludwig XV. in Gegenwart des gesamten Hofstaa-

tes in feierlicher Zermonie geruhte, seine Unterschrift unter den Ehevertrag zu setzen. Neben 300 000 Livres, die beim Tod der Montreuils und einiger Verwandten fällig waren, wurde dem jungen Paar eine Jahresrente von beiden Eltern in Höhe von ungefähr 30 000 Livres jährlich ausgesetzt, ferner reichlich Geld für die Einrichtung und Dienerschaft. Dazu übertrug der Vater de Sade dem Sohn die Statthalterschaft seiner bisherigen Provinzen und vier Güter und Herrensitze – die allerdings schwer verschuldet waren. Am 17. Mai 1763 fand in der Kirche Saint-Roch die prunkvolle Hochzeit statt.

Der junge Marquis wußte recht gut, daß er weit unter Stand geheiratet hatte. Und doch hatte er sich freiwillig darein geschickt, denn in einem Brief seines Vaters an seinen Bruder vor der Hochzeit ist zu lesen: «Es ist unmöglich, ihn in der geringfügigsten wie in der wichtigsten Angelegenheit zu beeinflussen.» Aber er will jetzt endlich sein Leben genießen, wie andere junge Kavaliere des Hochadels auch, und das geht nur mit reichen Mitteln und einem großen Vermögen im Hintergrund. Bald nach den Flitterwochen richtete er sich eine petite maison ein, wie man die adeligen Absteigequartiere nannte, mehrere andere solcher Schlupfwinkel folgten. Der Marquis hat freilich keine Ahnung, daß er bereits im Auftrage der Hofkanzlei von Inspektor Marais beschattet wurde, der genaue Berichte über das Privatleben des Überwachten nach Versailles schickte. Die stadtbekannten Kupplerinnen erfüllten jeden Wunsch gutzahlender Klienten und schickten de Sade junge Mädchen nach Wunsch. Dazu kamen kleine Schauspielerinnen, Statistinnen und Tänzerinnen.

Einlieferung einer Novize in den «Hirschpark», den Harem Ludwigs XV.

Nur noch einmal erscheint er auf Drängen von Vater und Schwiegermutter bei Hofe. Ansonsten meidet er die Gesellschaft und hat auch fast keinen Umgang mit Standesgenossen – deshalb wird er in der Folge, wo er es oft so nötig gehabt hätte, keine Protektoren und hilfsbereite Freunde finden. Außerdem trägt ihm diese Introvertiertheit und Kontaktscheu den Unwillen der Versailler Gesellschaft ein, die das als Mißachtung und Mangel an Standesbewußtsein empfand. Noch eine andere Gefahr soll hier gleich erwähnt werden. Um das ungemein laszive Privatleben Ludwigs XV. wie des Versailler Hofes besser abzudecken und die Volksmeinung zu besänftigen, gebärdete man sich bei Skandalen von unbeliebten Außenseitern sehr moralisch und entrüstet. So war es dem Minister de Saint-Florentin nur willkommen, als Berichte über ungewöhnliche Ausschweifungen des Marquis eingingen: auf Befehl des Königs wird de Sade am 29. Oktober, also noch nicht ein halbes Jahr nach seiner Heirat, zum erstenmal verhaftet und in das düstere Gefängnis von Vincennes eingeliefert. Vierzehn Tage später hat seine Schwiegermutter aber schon den Freilassungsbefehl des Königs erwirkt, allerdings mit der sicherlich von Madame insinuierten Auflage, sich sofort ins Schloß Échauffour, dem normannischen Familienbesitz der Montreuils, zu begeben und es nicht ohne Sondererlaubnis zu verlassen. Dort hielt sich auch Madames Tochter, die jungverheiratete Marquise auf, die bereits im dritten Monat schwanger war und bald darauf eine Fehlgeburt hatte. Die junge Frau litt ohnehin an dem allzu sparsamen Gebrauch, den ihr Mann von der Ehe machte und an seinen langen Abwesenheiten. Renée liebte nämlich ihren Mann, obwohl dieser sie *zu kühl und zu fromm* für seinen Geschmack findet; nahezu zwei Jahrzehnte lang blieb sie ihm völlig ergeben, auch unter den demütigendsten Umständen vertrat sie bedingungslos seine Interessen. Zum Unterschied von ihrer jüngeren Schwester Julie, die de Sade wohl weit lieber geheiratet hätte, war Renée von unschönem Äußeren und etwas plumper Gestalt; sie sollte ihrem Gatten in der Folge trotzdem drei Kinder schenken. Im Januar 1764 schrieb die Präsidentin (wie man Madame de Montreuil allgemein nannte) an den Abbé de Sade in die Provence:

«Ich gestehe, nicht den Mut gehabt zu haben, Ihnen die Geschehnisse mitzuteilen, die Sie inzwischen kennen ... Es wird ausschließlich an Ihrem Neffen liegen, das Vergangene gutzumachen durch eine einwandfreie Lebensführung in der Zukunft. Seit er wieder bei uns ist, sind wir mit ihm zufrieden. Aber das ist nicht der Anlaß zum Jammern. Obwohl mir scheint, dies alles habe einige Wirkung und Eindruck auf ihn gemacht, wird mich doch nur die Erfahrung überzeugen können. Herr de Montreuil und ich haben an ihm gehandelt wie an einem eigenen Sohn, und getan, was wir für geeignet hielten, jeden Skandal zu vermeiden. Was meine Tochter betrifft, so können Sie sich leicht vorstellen, wie tief ihr Schmerz war. Aber sie hat sich als tugendhafte Frau erwiesen und es steht mir nicht zu, dies zu rühmen. Mögen diejenigen urteilen, denen anzugehören sie die Ehre hat.»

LIEBESENTTÄUSCHUNGEN

Den Winter verbringt der Marquis nolens volens in strikter Einehe auf Schloß Échauffour, läßt sich verwöhnen und treibt viel Lektüre. Man glaubt an eine echte Besserung. Im April 1764 darf er endlich wieder nach Paris reisen. In der Folgezeit hören wir längere Zeit beinahe nichts von Ausschweifungen (den Agenten des Inspektors Marais entgeht nichts aus dem heimlichen Privatleben des Marquis), dafür um so mehr von zwei leidenschaftlichen Liebesaffären. Da ist zuerst die achtzehnjährige Colette, eine sehr beliebte Schauspielerin an der Comédie-Italienne, Geliebte zweier reicher Aristokraten. De Sade hat sie nach einer Vorstellung nach Hause begleitet ...

Ich habe, seit ich Sie sah, nicht ruhen können. Ein Wort von Ihnen würde mir Frieden geben – die Aufrichtigkeit meiner Gefühle erlaubt nicht, sie zu verstecken. Hier ist mein Name und meine Adresse. Ich erwarte Ihre Antwort morgen. Adieu, Mademoiselle.

Es beeinträchtigt seine Gefühle nicht, daß er ihr 25 Louisdor Unterhalt (1 Louisdor = 20 Goldfrancs) im Monat zahlen muß – jede Schauspielerin wurde damals auf ähnliche Weise ausgehalten: die Gagen waren gering, und für Garderoben hatten Schauspielerinnen selber aufzukommen. Der vorsichtig gewordenen Präsidentin entgeht die neue Affäre nicht, sie läßt ihrerseits Colette beschatten und kann bald durch Zwischenträger ihren Schwiegersohn über das ausgedehnte Liebesleben der Schauspielerin mit anderen Männern unterrichten. Dies mit so präzisen Angaben und unwiderlegbaren Tatsachen, daß der liebestolle Marquis fast verrückt wird, bevor er sich endlich, um nicht zum öffentlichen Gespött zu werden, zum Bruch entschließt. Mademoiselle ist natürlich wütend, als er seine Briefe zurückerbittet und die Einstellung der Zahlungen mitteilt. Aber nun ist er fast geheilt und schreibt zurück:

Sie würden erröten über das, was Sie mir angetan haben, wenn Sie

Renée-Pélagie, Marquise de Sade

ein Fetzchen Anstand, geschweige denn Menschlichkeit besäßen. Es schmerzt mich, so mit Ihnen sprechen zu müssen, denn es macht mich unglücklich, daß ich Sie noch immer nicht ganz aus meinem Herzen reißen konnte. Aber ich hoffe, dies wird mir nun bald gelingen. Dann soll mich der Himmel vor einer solchen Passion bewahren. Verzeihen Sie bitte, wenn ich Ihnen solche Aufrichtigkeiten schreibe. Zum letztenmal also: Adieu! Ich gehe, und es macht mir eine ebenso große Freude, mich von Ihnen zu wenden als einst, mich Ihnen zu nähern.

Zwischendurch verliebt er sich auf einem Ball in ein anständiges junges Mädchen und schreibt ihr, wie sehr er es beklage, sie nicht früher kennengelernt zu haben, er hätte sie sofort geheiratet...

Die Tage, die in einer Vernunftheirat nur Dornen hervorbringen, hätten hier Frühlingsrosen erblühen lassen. Wie hätte ich solche Tage gepflückt, die ich jetzt verabscheue. Durch die Hand des Glücks wären sie eher zu schnell verflogen. Die längsten Jahre meines Lebens hätten nicht genügt, meine Liebe zu preisen. In ständiger Anbetung hätte ich zu Füßen meiner Gattin gekniet, und die stets mit Liebe umsponnenen Ketten der Pflicht hätten meinem ungestümen Herzen nur Grade des Glücks bedeutet. Eitle Illusion! Allzu beseligender Traum!

Mitte 1765 wird de Sade von einer neuen Leidenschaft gepackt. Die damals vierundzwanzigjährige Schönheit Beauvoisin hatte eine Karriere vom Dienstmädchen zur grande cocotte hinter sich, ließ sich meist von drei Männern aushalten, um ihre Luxusbedürfnisse befriedigen zu können, und bedurfte dazu noch eines Liebhabers für ihr leidenschaftliches Gefühlsleben. Über zwei Jahre schmachtete der Marquis in ihren Netzen; selbst wenn er sich im Zorn von ihr trennte, kehrte er bald wieder zu ihr zurück. Er konnte diese teure Kurtisane nicht allein finanzieren; um sie wenigstens zeitweise allein zu haben, machte er mit ihr mehrere kostspielige Reisen und geriet in eine nahezu hoffnungslose Schuldenlast. Man kann fast von einer Hörigkeit sprechen, die Beauvoisin sei «sein Gefängnis», klagt die wie immer wohlinformierte Präsidentin, er selbst nennt sie später *Die Sirene*. Zweifellos besaß sie nicht nur erotische Qualitäten, sondern auch ungewöhnlich viel Charme und jenes Plaudertalent gehobener Art, das damals als «Konversation» hochgeschätzt und eifrigst gepflegt wurde. Es wäre sonst gar nicht zu verstehen, daß der Marquis seine Geliebte in sein Stammschloß La Coste in der Nähe Avignons mitnahm und zwei Monate dort mit ihr lebte, wobei er sie gelegentlich sogar als seine Frau ausgegeben haben soll. Um ihr zu imponieren, veranstaltete er dort glänzende Feste und Theateraufführungen: der Theatersaal des geräumigen Schlosses wird zu diesem Zweck für viel Geld instand gesetzt. Von weit und breit kam der eingeladene Adel und wurde glänzend bewirtet, Schauspieler wurden engagiert, die Inszenierungen leitete de Sade selber, spielte gelegentlich auch als Darsteller mit und offenbarte ein ungewöhnliches Theatertalent – es sollte ihm später noch sehr zustatten kommen. Als Dauergast bei diesem monatelangen Liebesfest hatte de Sade seinen frivolen Onkel, jenen Abbé de Sade eingeladen, der ein reicher Standesherr der Provence und durch sein dreibändiges Werk über Petrarca und Laura ein berühmter Schriftsteller geworden war – man kann sich denken, daß der Erzieher des Gastgebers bei den Festen auf La Coste durchaus in seinem Element war. Was die Beauvoisin betrifft, trieb er seine Duldsamkeit so weit, daß er nachher selber etwas ängstlich wurde und davon seiner Schwester, der Äbtissin von Saint-Benoit in Cavaillon, berichtete. Diese richtete einen höchst vorwurfsvollen Brief an ihren Neffen, worauf dieser antwortete:

Ihre Vorwürfe, meine liebe Tante, sind ganz und gar nicht angebracht. Ja, um die Wahrheit zu sagen, ich habe noch nie aus dem Munde einer Klosterdame so harte Ausdrücke gehört. Ich gestatte nicht, dulde nicht, erlaube nicht, daß andere die Person als meine Frau bezeichnen, die mit mir zusammen lebt ... Als in vergangener Zeit eine Ihrer Schwestern, obschon verheiratet wie ich selber, ganz öffentlich hier mit einem Liebhaber lebte, haben Sie da auch La Coste als verruchten Ort betrachtet? Ich benehme mich nicht schlimmer als sie ... Was den Herrn betrifft, der Ihnen zugetragen hat, was Sie mir vorwerfen, so hat dieser Mensch, obgleich Priester, stets einige Huren um sich. Verzeihen Sie mir bitte, wenn ich denselben Ausdruck wie Sie gebrauche, aber sein Landsitz ist in der Tat ein Harem, mehr noch – ein Bordell. Verzeihen Sie mir meine Schwächen, sie liegen offenbar in der Familie. Wenn ich etwas zu beklagen hätte, so das Unglück, in eine solche Familie hineingeboren worden zu sein ...

Die nachgerade verzweifelte Präsidentin schreibt dem Abbé: «Solange er sich wie ein Narr benimmt, ziehe ich es vor, daß er in der Provence bleibt. Dort ist er mir wenigstens nicht im Wege, seine Anwesenheit hier bei uns würde mich beunruhigen, er würde seine Gläubiger mitschleppen und sich andere Weiber suchen. Seinetwegen ziehe ich es vor, daß er in der Provence bleibt.»

Der Marquis kommt nur ein- oder zweimal nach Paris und in die Normandie, wenn ihn die Gläubiger so bedrängen, daß die Präsidentin seufzend mit größeren Beträgen helfen muß. Während seines Aufenthalts in Paris im Winter 1766/67 stirbt der Vater. Wie fast in allen Familien des damaligen französischen Hochadels war das Verhältnis zwischen Vater und Sohn zeitlebens zeremoniell und kühl distanziert geblieben; hier war es noch verschärft durch die Verachtung, die der alte Herr seinem ungeratenen Erben schon seit Jahren entgegengebracht hatte – er hielt dessen schlechten Charakter für unverbesserlich.

Schließlich endete auch die Liebe zur Beauvoisin mit einem schrillen Mißklang; de Sade war völlig desillusioniert und verzweifelt:

Sie sind demaskiert, Sie Monstrum! Ihre Schlechtigkeit übersteigt alle Vorstellungen. Sie hätten nur zu sagen brauchen, daß Sie mich verlassen wollen, ich hätte Sie bestimmt nicht gewaltsam zurückgehalten. Gehen Sie, ich werde Sie mein Leben lang verachten, Sie und alle, die Ihnen ähnlich sind. Tiefste Verachtung für Sie ist jetzt das einzige Gefühl, dessen mein Herz noch fähig ist. Widmen Sie sich nun Ihrer neuen Eroberung und zerstören Sie sie mit den gleichen Hexenkünsten, die Sie bei mir anwandten ... Ich werde Sie nie wiedersehen. Das ist es, was Sie wollten, nicht wahr, Sie Monstrum der Undankbarkeit und Falschheit. Seien Sie glücklich, trotz des unendlichen Elends, in das Sie mich gestürzt haben. Sie und Ihresgleichen können ja gar nicht anders, als die Gutgläubigkeit und das Vertrauen ehrlicher Männer ausnutzen.

In den neun folgenden Jahren ereignen sich alle die Skandale, die den Marquis für die öffentliche Meinung zum ruchlosesten Wüstling des Königreichs machten – es gab damals indessen weit schlimmere, aber die verstanden es besser, Skandale zu vermeiden. Ob de Sade gewußt hat, wie genau er überwacht wurde, wissen wir nicht; aber in jedem Falle wundert man sich, wie ungeschickt und gleichgültig gegen die öffentliche Meinung er handelte. Man könnte es geradezu weltfremd nennen, wenn nicht sehr viel mehr für die Annahme sprä-

Die Ruine von de Sades Stammschloß La Coste

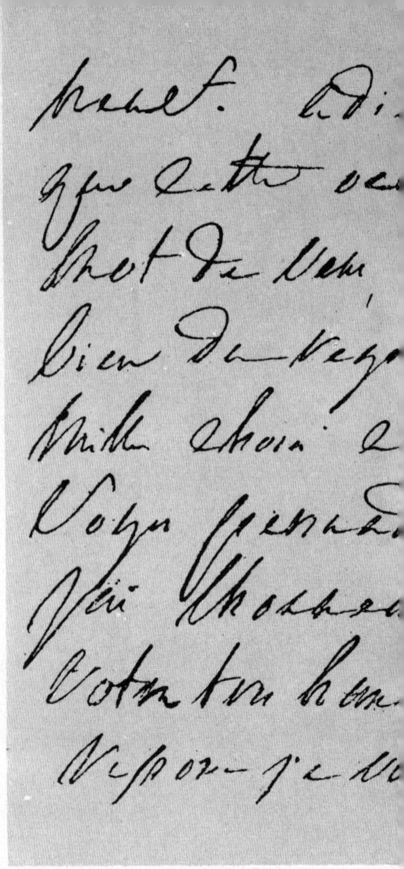

Aus einem Brief de Sades an seine Tante

che, daß er bewußt und allzu selbstherrlich sich jede Freiheit nahm, sein schrankenloses Ich auszuleben und seine perversen Wünsche zu verwirklichen, die sadistischen Triebe, wie man sie seitdem nennt, so unzureichend dieser Terminus auch längst geworden ist. Zugleich läßt sich von jetzt an feststellen, daß de Sade bei seiner sexuellen Selbstverwirklichung auffallend methodisch zu Werke geht und seine eigenen Reaktionen auf die schlimmsten und widerlichsten Ausschweifungen genau studiert. Er veranstaltete also gewissermaßen Experimente, eben diejenigen, die ihn später instand setzen werden, seine düsteren Werke zu schreiben: das Pandämonium des grausamen Sexus.

Gilles de Rais oder der Graf von Charolais, das waren in der Tat sexuelle Ungeheuer; de Sade ist es nicht. Das meiste, was er tat, gehört bis heute zu den ständig praktizierten Perversionen gegen Belohnung, die Objekte waren gewöhnliche Prostituierte oder jedenfalls Frauen, die sich gut bezahlen ließen. Daß dies alles in einer Epoche außerordentlicher Sittenlosigkeit so erstaunlich viel Staub aufrührte, hat natürlich auch damit etwas zu tun, daß der bereits allgemein verhaßte Adel für seinen schlechten Ruf einen Prügelknaben brauchte. Es tat ein übriges, daß de Sade sozusagen im Schnittpunkt mächtiger Feindschaften stand: durch seine Diffamierung wurden andere Gruppen getroffen.

Aber man soll ihn auf der anderen Seite nicht zu entschuldigen versuchen, noch seine Ausschweifungen verkleinern oder gar verniedlichen. Nicht außer acht lassen darf man vor allem, daß der Marquis, weil er schon in seinem maßlos ausschweifenden Privatleben fast jedes Tabu verletzt und die Übertretungslust dabei reflektierend genossen hatte, es später so meisterlich vermochte, in seinen Büchern die furchtbare Fiktion einer sexuell total tabufreien Welt mit all ih-

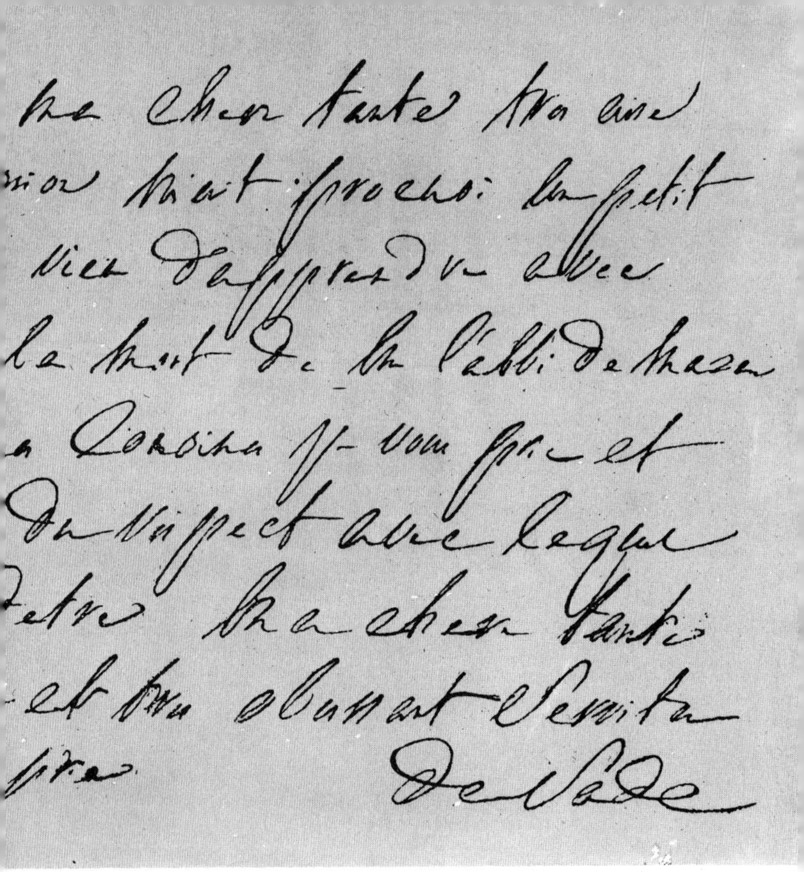

rem mitleidlosen Glück zu schildern. Dazu machte der höllische Marquis jetzt seine praktischen Vorstudien und Experimente, noch sehr unbewußt freilich.

DER SKANDAL VON ARCUEIL

Am Ostersonntag, dem 3. April 1768, bringt de Sade morgens eine arbeitslose Frau namens Rose Keller, die er in der Stadt als Bettlerin angesprochen hatte, in seine petite maison in Arcueil. Um vier Uhr nachmittags erscheint diese Rose Keller mit zerrissenen Kleidern in der nahen Rue de la Fontaine und berichtet einigen herbeilaufenden Frauen aus der Nachbarschaft, sie sei soeben unter Lebensgefahr aus dem Hause des Marquis geflüchtet, worin dieser sie ein halb dutzendmal grausam ausgepeitscht habe. Als sie ihn zwischendurch immer wieder anflehte, sie nicht zu töten, bevor sie gebeichtet habe,

habe er höhnisch bemerkt, er werde ihr selber die Beichte abnehmen.

Der Polizeibrigadier von Arcueil benachrichtigt den Bezirksrichter, dieser läßt eine ärztliche Untersuchung der Keller vornehmen und schickt das Protokoll an die gefürchtete Chambre de la Tournelle, das Pariser Kriminalgericht. Die Präsidentin und die Marquise, ihre Tochter, schicken so schnell wie möglich einen Anwalt zur Keller, um sie zu bewegen, ihre Klage zurückzunehmen. Man dachte, eine kleine Summe genüge für eine Bettlerin, aber diese zeigt sich plötzlich ungemein zäh und geschäftstüchtig und erreicht es, für ihr Schweigen die für ihre Verhältnisse geradezu ungeheuerliche Summe von 2400 Livres zu erhalten (etwa 9000 DM heute). Leider hatte der Staatsanwalt bei der Chambre de la Tournelle schon offiziell Klage erhoben, der Prozeß muß daher stattfinden. Inzwischen war auch dem König von dem neuen Skandal berichtet worden. Sofort befahl dieser, de Sade zu verhaften und ins Burggefängnis Pierre-Encis bringen zu lassen. Schon einen Monat später jedoch drückt er sein Petschaft auf Begnadigungsgesuch und Stammbaum des Marquis; der Prozeß wird niedergeschlagen. Aber bis November 1768 bleibt der Übeltäter noch in Haft, bevor man ihm erlaubt, nach La Coste aufzubrechen.

Im Jahre 1937 entdeckte der französische Sade-Forscher Maurice Heine in irgendeinem vergessenen Staatsarchiv die Prozeßakten. Aus diesen Dokumenten ergab sich, daß 1768 bei der öffentlichen Darstellung des Falles Rose Keller ungeheuerlich übertrieben wurde. Ein Sachverständiger, Dr. André Javelier, bezeugte, daß «die Folterkammern der modernen Bordelle täglich Zeugen solcher Szenen sind, deren Opfer nicht daran denken, sich zu beklagen». Dieses Gutachten kam für den Marquis de Sade genau 129 Jahre zu spät.

Die Affäre Keller wird der erste große Skandal im Leben des Marquis. Der Inspektor Marais hatte schon öfters berichtet, daß der Marquis gemietete Dirnen in einem seiner fünf petites maisons auspeitschte; er hatte auch den stadtbekannten Kupplerinnen dringend geraten, keine Mädchen mehr zu schicken – erfolglos, denn de Sade zahlte gut. Diesmal schien er offensichtlich an die Falsche geraten zu sein, Rose Keller war eine Gelegenheitsbettlerin und unbekannt mit den Berufspraktiken der Prostitution. Schlimm wirkte es sich auch für de Sade aus, daß er für diese Ausschweifung den Ostersonntag gewählt und seinem Opfer gegenüber geäußert haben sollte, er werde ihr selbst die Beichte abnehmen.

Ein großer Skandal aber wurde es auch hier hauptsächlich durch diejenigen, die ein Interesse daran hatten. Die Hetze gegen den Marquis war diesmal um so gefährlicher für diesen, als man ihn auch noch zum ruchlosen Atheisten stempelte. Das mag auch besonders den Zorn Ludwigs XV. erregt haben, der zwar ein recht sündiger Herrscher, doch ein sehr gläubiger König war und zum Schutz des Glaubens jedenfalls während seiner Regierungszeit bedeutend mehr tat als für die Sanierung der französischen Finanzen. Die Parlamente und ihre Gerichte, nach dem Tod Ludwigs XIV. größtenteils in ihre alte Funktion wiedereingesetzt, führten längst einen heimlichen Krieg ge-

Gilles de Rais

gen den König; da die Majestät unantastbar war, versuchten sie dem privilegierten Hochadel am Zeug zu flicken. Sie entfalteten dabei ein unglaubliches Tempo, um möglichen Interventionen zuvorzukommen und gaben den Zeitungen gern einseitige Auskünfte.

In der nachfolgenden Zeit hört man neuerdings von der Theaterleidenschaft des Marquis; in seinem Stammschloß hat er oft Schauspieler aus Lyon zu Gast; der Theatersaal war bereits 1765 renoviert und mit allem Nötigen ausgestattet worden. Am 20. Januar 1772 wurde de Sades erstes Schauspiel hier aufgeführt, und wenn es auch noch geraume Zeit dauern sollte, bevor die Comédie-Française ein Stück von ihm herausbrachte, hielt er sich seit 1772 für einen großen Bühnenautor und hat sich auch die erdenklichste Mühe gegeben, als solcher Anerkennung bei seinen Zeitgenossen zu finden. Daß sich so verhältnismäßig viele seiner Theaterstücke erhalten haben (nur ein einziges allerdings wurde nach der Revolution gedruckt), liegt einfach daran, daß diese Arbeiten, für die öffentliche Aufführung vor

Bei der Schloßkapelle von Versailles. Stich von Rigaud

einem konventionellen Publikum gedacht, völlig unanstößig und auf die geltende Moral abgestellt sind. Unzweifelhaft verfolgte also de Sade mit seinen Prosawerken andere Zwecke und Ziele, zu deren Erreichung nicht unbedingt Erfolg und öffentliche Anerkennung gehörten. Auch steht fest, daß der Theater-Ehrgeiz de Sades zeitweise den schriftstellerischen entschieden überwog. Die fieberhafte Arbeit an seinen Romanen in der Bastille diente vor allem der Selbstrettung zu einer Zeit, in der sich alles zu seiner Vernichtung, zu einer Existenz als «lebender Leichnam» verschworen hatte.

De Sade war seit seinem Abschied aus der Armee ein eifriger Theaterbesucher geworden; man macht es sich zu billig, wollte man dieses Interesse nur auf hübsche Schauspielerinnen beziehen. Er kannte auch den Theaterbetrieb im ganzen recht gut, wohnte den Proben bei, beherrschte die gar nicht leicht zu erlernende Bühnendeklamation und traute es sich demnach mit Recht zu, bei seinen eigenen Stücken auch selber Regie zu führen. Seine größten Erfolge als Theaterleiter sollte er allerdings erst dreißig Jahre später erleben; sie gehören zu den letzten Blättern eines Schicksalsweges, der jede Vorstellungskraft übersteigt.

Die Jahre von November 1768 bis Juni 1772 nehmen in den meisten Lebensbeschreibungen de Sades wenig Raum ein. Es gibt keinen Skandal zu berichten, niemand führt in dieser Zeit beim König neue Beschwerde wider den bereits nachhaltig verrufenen Marquis, der es trotz der bitteren Erfahrungen nach der Affäre Keller nicht über sich brachte, sich in Versailles sehen zu lassen oder wenigstens nach verläßlichen Fürsprechern Ausschau zu halten. Gerade für einen Mann des Hochadels in der Lage de Sades wäre es nun höchste Zeit gewesen, gute Beziehungen zum Hofe herzustellen. Aber der Marquis verabscheute *das morastige und ungesunde Dorf namens Versailles, wo sich die Könige, die dazu da sind, daß ihnen in der Hauptstadt gehuldigt werde, allem Anschein nach von der Anwesenheit der nach ihnen verlangenden Untertanen erholen. Die Ruhmsucht, der Geiz, die Rache und der Hochmut führen auf den Flügeln der Langeweile tagtäglich eine Schar von Unglücklichen dorthin, um dem Idol des Tages zu opfern; auch die Elite des französischen Adels, die eine wichtige Rolle auf ihren heimatlichen Gütern spielen könnte, begibt sich bereitwillig an diesen Ort, erniedrigt sich in den Vorzimmern, macht den Türstehern in beschämender Weise den Hof oder erbettelt demütig ein Diner – das schlechter schmeckt als ihr eigenes zu Hause – bei irgendwelchen Individuen, die Fortuna für Augenblicke aus den Wolken der Vergessenheit emporhebt, um sie wenig später wieder fallen zu lassen.*

Dieses Zitat entstand zwar erst ein Jahrzehnt später, kennzeichnet aber wohl doch den beharrlichen Abscheu de Sades vor den Versailler Zuständen wie auch den Hochmut seines provenzalischen Adelsbewußtseins. Noch immer verließ er sich darauf, dem Stammhalter eines so erlauchten Geschlechtes könnte im Ernstfall außer dem vorübergehenden Zorn des Königs nichts Demütigendes zustoßen.

Trotzdem geschah auch in diesen verhältnismäßig ruhigen Jahren allerlei Wichtiges. Zwei weitere Kinder wurden ihm geboren: am 27. Juni 1769 der zweite Sohn, Donatien-Claude-Armand, am 17. April 1771 die Tochter Madeleine-Laure. Immer ist de Sade in großen Geldschwierigkeiten, ohne daß die Präsidentin bereit ist, mit größeren Summen zu helfen. Im Juni 1771 muß er sogar einige Tage im Schuldgefängnis verbringen und rettet sich nur durch den Verkauf seiner Regimentsoberstencharge für 10 000 Livres (ca. 35 000 DM heute). Welchem Zweck eine vierwöchige Reise durch die Niederlande gedient hat, läßt sich heute nicht mehr zuverlässig feststellen. Die meiste Zeit lebt er in seinem Stammschloß La Coste, gibt viel Geld für die Ausschmückung aus, lädt den Adel der Umgegend fast jeden Monat zu Theatervorstellungen und Ballfesten ein, zu denen so oft wie möglich auch der Onkel erscheint, der lebenslustige Abbé de Sade – in seiner Korrespondenz mit der Präsidentin erwähnt er das allerdings klugerweise nicht.

ANNE-PROSPÈRE, DIE GROSSE AMOUR-PASSION

Das wichtigste Ereignis ist allerdings die Ankunft seiner jungen Schwägerin in La Coste, der lebenshungrigen und erstaunlich gebildeten Anne-Prospère de Launay. Frühere Darstellungen, nach denen de Sade das schöne Mädchen schon vor seiner Vermählung mit der weit unansehnlicheren und wenig graziösen Renée kennen und lieben lernte, haben sich als unzutreffend herausgestellt. Er hat sie zum erstenmal nur kurz auf seiner Hochzeitsfeier gesehen – Anne-Prospère war damals noch Klosterschülerin. Jetzt erst sah er das vollerblühte, erwachsene Mädchen und fühlte sich sofort unwiderstehlich hingezogen. Es ist sehr wahrscheinlich, daß die Präsidentin wenig schmeichelhaft von ihrem skandalumwitterten Schwiegersohn berichtet hat; das machte jedoch ihre abenteuerlustige Tochter nur noch neugieriger. Nun sah sie den Vielverleumdeten persönlich, einen mittelgroßen, blondhaarigen Mann in eleganter Seidenkleidung, unerschöpflich in Verführungskünsten und amouröser Konversation. Anne-Prospère hatte nach der Klosterschule auch noch den üblichen Unterricht durch Hauslehrer erhalten, wie dies in wohlhabenden Familien üblich war, und sie wird ziemlich sicher an Hofmeister geraten sein, wie Rousseaus mütterliche Freundin Madame de Warens sie hatte, über deren Erziehung in den berühmten «Confessions» berichtet wird. Anne-Prospère wußte jedenfalls bedeutend mehr von der moralischen Heuchelei der guten Gesellschaft, als Mädchen sonst zu wissen pflegen, sie war vertraut mit dem Geist der Encyclopédie und jener modischen Philosophie zugetan, die das Verlangen der Natur über die klerikale Moral stellte. Das Leben auf La Coste war ganz nach ihrem Geschmack: Feste, Diners, Bälle und Theateraufführungen. Nicht nur der glühend werbende Marquis liegt ihr in den Ohren, sondern auch der frivole Abbé, der alte Sünder und eloquente Roué. Madame de Sade konnten diese Vorgänge nicht verborgen geblieben sein. Wegen ihrer völligen Hörigkeit dem Gatten gegenüber wagte sie indessen auch diesmal kein Aufbegehren. Ihr jähzorniger, unberechenbarer Mann kam überdies hier wie auch sonst seinen ehelichen Pflichten nach – dies belohnte Madame mit einer geradezu hündischen Ergebenheit. Bei dem Gedanken, daß dieses sündige Treiben ihrer mächtigen, herrschsüchtigen Mutter einmal zu Ohren kommen könnte, kann Renée aber wohl kaum wohl gewesen sein. Denn was hier geschah, war ja nicht irgendein Liebesabenteuer des unersättlichen Marquis, sondern ein Fall von Inzest, ein mit hoher Strafe bedrohtes Verbrechen. So ist sie also wenigstens bemüht, die mißtrauische Präsidentin brieflich zu beruhigen über das Leben und Treiben im Schloß La Coste und zu berichten, wie gut das heitere, sonnige Klima der Provence der Gesundheit ihrer Schwester bekomme.

Der Marquis hatte schon einige längere Liebesaffären hinter sich. Aber dies wird die eigentliche große Amour-Passion seines Lebens, und er ergibt sich ihr mit einer Rückhaltlosigkeit, die man Verblendung nennen kann, die aber trotzdem etwas für den Mann einnimmt, den die Welt zwar ein moralisches Monstrum nennt, und der doch auch einer echten Liebesleidenschaft bis zur Selbstvernichtung fähig ist.

Alle Schriftstücke und Papiere aus der Zeit dieser Liebe sind späterhin so vollständig vernichtet worden, daß es sehr schwer hält, den Ablauf der Geschehnisse einigermaßen zuverlässig nachzuziehen. Im Herbst 1771 hat es begonnen, das steht fest. Anne-Prospère plante zuerst wohl nur einen kürzeren Besuch, blieb jedoch schließlich über ein Jahr fort. Bei dem übergroßen Mißtrauen ihrer mächtigen Mutter ist das nur durch die Freundschaft der Präsidentin mit dem alten Abbé de Sade zu erklären, unter dessen Obhut sie ihre Tochter wähnte. Aber der berühmte Biograph Lauras war trotz seines geistlichen Standes alles andere als ein Tugendwächter. Dieser alte Schwerenöter war nämlich seinerseits vom ersten Blick an verliebt und überbot sich mit dem Marquis an Geschenken.

Lange hingehalten hat Anne-Prospère den leidenschaftlich werbenden Marquis wohl nicht, denn auch sie hatte sich sogleich in den glänzend aussehenden, geistreichen einunddreißigjährigen Mann verliebt; auch steht es fest, daß sie erstaunlich frei war von moralischen Skrupeln. Das geräumige Schloß bot genügend verschwiegene Winkel, und Renée hütete sich vor Eifersuchtsszenen. Hinter der Höhe der Leidenschaft des jungen Marquis blieb das Mädchen natürlich zurück; unzweifelhaft liebte de Sade sie stärker als sie ihn – aber solche Gradunterschiede treten gemeinhin erst später zutage. Der Winter und der Frühling in La Coste – heute eine Ruine, damals eines der schönsten Schlösser Südfrankreichs – wurde für die beiden Liebenden eine Zeit des Glücks, ein endloses Fest der Sinne.

In dieser Zeit hört man von keiner anderen Frau und erst recht von keinem Skandal. Der Marquis hat in diesen Monaten das Schloß nur verlassen, um Wagenfahrten mit Frau und Schwägerin zu unternehmen und diesen die Gegend mit ihren vielen Naturschönheiten zu zeigen oder in Avignon Einkäufe zu machen. Aber im Juni 1772 muß er dringend nach Marseille, um eine größere Geldsumme abzuholen – das Geld brauchte er nach so verschwenderischen Monaten ganz dringend. Er nahm nur seinen Leibdiener Latour mit und versprach, nach erledigten Geschäften schnellstens wieder heimzukehren. Aber diesmal wurde er rückfällig, denn er hatte am 27. Juni in Marseille wieder einmal die Gelegenheit zu sexuellen Experimenten so ausgefallener Art benutzt, daß sehr bald ein neuer Skandal, noch weit größer als der Fall Keller, die Folge ist.

Der Marquis hatte durch seinen Lakai vier junge Prostituierte für ein Vormittagsvergnügen gegen hohes Honorar versammeln lassen. Wieder spielt die neunschwänzige Katze eine Rolle, diesmal jedoch wechselseitig, denn auch der Marquis wünscht schonungslos ausgepeitscht zu werden. Den Mädchen, die nicht den rechten Eifer aufbringen, offeriert de Sade aus einer Kristallschale Kantharidinpralinen, die sich im damaligen Frankreich für Zwecke der sexuellen Aufpeitschung einer weitverbreiteten Beliebtheit erfreuten. Er erhoffte sich dadurch die berufsmäßigen Venusdienerinnen gefügig zu machen für die Ausübung der Sodomie an Frauen – unter Sodomie versteht man im Ausland bis heute vor allem das, was wir Homosexualität oder Päderastie nennen. Für gute Goldstücke waren die Mädchen offenbar auch dazu bereit und gestatteten sowohl dem Marquis wie dem Kammerdiener, der die ganze Zeit dabei war, sich nach Wunsch zu bedienen, ebenso wie sie den echt homosexuellen Einla-

Marseille: der Hafen. Stich von Morris

gen zwischen den beiden Männern als Voyeuses beiwohnten. Man möchte annehmen, daß der Marquis nach solchen Strapazen für eine Weile genug hatte; nicht so der sexuell überpotente de Sade: am Abend wiederholt er die ganze Prozedur mit einem weiteren Mädchen, mit der fünfundzwanzigjährigen Prostituierten Marguerite Coste. Sie allerdings vernascht auf dringliches Zureden ungewöhnlich viele Bonbons aus der Kristallschale.

Von den fünf Dirnen waren es überhaupt nur zwei, die zuviel von den Sexdragees genommen hatten: die schon erwähnte Marguerite Coste und, am Vormittag, Marianne Laverne. Beiden geht es in den Tagen darauf erbärmlich, sie müssen den Arzt rufen und werden gedrängt, Anzeige beim Staatsanwalt von Marseille zu erstatten. Dieser vernimmt zuerst die zwei, dann alle Teilnehmerinnen an der perversen Orgie. Alle beteuern ihren Abscheu über das, was sie sahen und erlebten. Selbstverständlich hatten sie sich standhaft geweigert, die sodomitischen Gelüste des Herrn Marquis zu befriedigen – eine solche Erklärung ist verständlich, weil damals in Frankreich auf Sodomie die Todesstrafe stand. Für dieses Delikt blieben nun nur noch de Sade und sein Lakai; dies und Giftmordanschlag auf zwei Mädchen wurden Gegenstände der Anklage. Daß diese Mädchen kurz darauf, nach entsprechender Geldabfindung, ihre Anzeige zurückziehen möchten, wird nicht zur Kenntnis genommen.

DAS TODESURTEIL VON AIX

Der Haftbefehl gegen die Angeklagten kann allerdings in La Coste nicht ausgeführt werden, da sie, rechtzeitig gewarnt, flüchtig sind. Am 3. September werden beide in contumaciam vom Kriminalgericht zu Aix dazu verurteilt, «vor dem Portal der Kathedrale öffentliche Abbitte zu leisten, bevor sie zur Place Saint-Louis geführt werden, wo dem besagten Herrn de Sade auf einem Schafott der Kopf abgeschlagen und Latour an den Galgen gehängt werden soll. Darauf werden ihre Körper verbrannt und die Asche in alle Winde verstreut». Am 11. September erhält dieses Urteil Rechtskraft, wird am Tage darauf in effigie vollzogen und ein dementsprechendes Protokoll angefertigt.

Man braucht wahrhaftig kein Parteigänger de Sades zu sein, um dieses Urteil unbegreiflich zu finden. Auch wer den Marquis menschlich verabscheut, wird zugeben müssen, daß es bei diesem Prozeß, der im Gegensatz zur unendlich schleppenden Prozeßführung von damals in einer wahren Hetzjagd durchgepeitscht wurde, nicht mit rechten Dingen zugegangen sein kann. Die Forschung hat längst erwiesen, daß wiederum, wie im Falle Keller, der Kanzler Maupeou der eigentliche Drahtzieher war. Besonders grotesk ist es, daß dieser Maupeou in erster Linie von seinem Haß wider die Schwiegereltern de Sades, vor allem also gegen die «Präsidentin», getrieben war, wobei es diesem Haß freilich in der Öffentlichkeit sehr zustatten kam, daß er den bereits sehr berüchtigten de Sade traf, der fortan der Sündenbock für den ganzen frivolen Adel bleiben sollte.

Daß de Sade überaus leichtsinnig und unüberlegt gehandelt hatte, braucht kaum gesagt zu werden. Auch moralische Skrupel hat er nicht im mindesten empfunden. Im Gegenteil: hier wie in anderen Fällen handelte er, als ob es gar keine Moral gäbe, sondern vielmehr nur das Recht, seinen Gelüsten ohne alle Einschränkungen nachzugeben. Nun gibt es aber keinen Wüstling, der allen Formen und Abartigkeiten der Sexualität gleichmäßig zugetan ist, sondern er beschränkt sich immer nur auf Teilgebiete. Da man nun de Sade gern als Universalisten der Sexualität, als absoluten Panerotiker hinstellt, müßte er die eine – unwahrscheinliche – Ausnahme gewesen sein. Wer jedoch könnte das Forschend-Experimentelle, das Entdeckerhafte in all seinen Ausschweifungen und Skandalen übersehen? Er geht wie ein rabiater Forscher ans Werk, der alles erfahren und wissen möchte, gleichgültig, ob es seinen eigenen Neigungen entspricht oder nicht. Er hat dabei lange Zeit kein bewußtes Ziel vor Augen, er scheint bloß neugierig gewesen zu sein. Das ändert sich dann später in den meterdicken Kasematten von Vincennes oder der Bastille.

Daß man bei diesem Treiben in Konflikt mit den traditionellen Institutionen, vor allem mit dem geltenden Recht, geraten muß, war dem Marquis natürlich klar. Aber er stellte sein individuelles Recht weit darüber, weil dieses angeblich aus den natürlichen Bedingungen

des Menschen abgeleitet war. Seine Rechtfertigungen wurden später noch weit umfangreicher und logisch kühner unterbaut. Dabei mag es seltsam erscheinen, daß dieser wortgewaltige Apologet der Sexualität oft recht merkwürdig welt- und wirklichkeitsfremd war. Anders wäre die erstaunliche Unvorsichtigkeit bei seinen «Experimenten», durch die er meist so schnell entdeckt und überführt wurde, vollends unbegreiflich – er hatte sich ja ganz offensichtlich vorher nicht einmal über Kanthariden und die Gefahr bei Überdosierungen unterrichtet. Auf der anderen Seite verließ er sich noch immer auf die Privilegien seines Standes und glaubte sich durch den König vor jedem gefährlichen Zugriff gesichert, dies um so mehr, als seine Familie sogar mit dem Königshaus verwandt war. Er begriff nicht, wie sehr gerade die beiden letzten Ludwige genötigt waren, dem immer kritischeren Zeitgeist Opfer zu bringen. Immerhin: hätte es sich bei de Sade nicht um einen Marquis aus altem Geschlecht gehandelt, würde er die ganze Brutalität des damaligen Polizeiwesens erfahren und sein Leben vielleicht weit früher beendet haben. Eine gewisse Vorsicht darf man vielleicht darin erblicken, daß sich de Sade für seine schlimmsten Expeditionen ins Gebiet verbotener Ausschweifungen in der Regel Prostituierte aussuchte, zu deren Gewerbe es ja gehörte, auch die ausgefallensten Wünsche ihrer Kunden gegen entsprechendes Entgelt zu befriedigen. Spät erst, zu spät wohl, hat de Sade endlich begriffen, daß diese Mädchen, wie auch die Kupplerinnen, völlig vom Wohlwollen der Polizei abhängig und dadurch eine ihrer wichtigsten Informationsquellen waren.

Aber schon im Sommer 1772 scheint der Marquis nicht mehr ganz so weltunkundig gewesen zu sein wie früher. Kaum vernimmt er in La Coste, daß ihn in Marseille die Polizei suche, läßt er sofort packen und anspannen. Diesmal will er Zeit gewinnen, um im Ausland etwas Gras über die Affäre wachsen zu lassen. Es ist der 3. Juli; in der Kalesche, die eilig der italienischen Grenze zustrebt, sitzen der «Comte de Mazan» und seine junge Frau: Anne-Prospère hatte versprochen, den geliebten Schwager bis zur Grenze zu begleiten, um berichten zu können, er sei in Sicherheit. Aber die Marquise wird vergeblich auf die Rückkehr ihrer Schwester warten, erst im Oktober sieht sie sie wieder.

Die Präsidentin, Madame de Montreuil, erscheint in den meisten Büchern über de

Aix-en-Provence. Stich von Aveline

Sade als eine böse, haßerfüllte Frau mit dem einzigen Ziel, ihren Schwiegersohn zu erniedrigen und zu vernichten. Nun war diese Dame in der Tat eine ungewöhnliche Persönlichkeit, neben der ihr Mann, der frühere Finanzpräsident und Schwiegervater de Sades, eine ganz kümmerliche Rolle spielte und dazu als erklärter Hahnrei verspottet wurde. Madame hat nie vorgegeben, moralischer zu sein als die damalige Gesellschaft, sie hat den unausgesetzten Ehebruch ihres Schwiegersohns ganz gelassen hingenommen, sich viel mehr über seine Verschwendungssucht geärgert. Bei allen großen Skandalen, auch bei demjenigen von Marseille, war sie immer bemüht, durch Anwälte und Schweigegelder die Verfahren niederzuschlagen, bevor es zur Anklageerhebung kam – im Interesse der Familienehre natürlich vor allem, obschon sie oft genug auch direkt für de Sade interveniert, meist erfolgreich dazu. Denn die Präsidentin hat in Versailles erstaunlich gute Beziehungen zu allen wichtigen Persönlichkeiten des Königreichs, zu den höchsten Würdenträgern und Ministern, ja zum König selbst. Gewiß, sie war eine sehr reiche Frau und vermehrte ihr Vermögen durch zahlreiche geschickte Spekulationen. Auch war sie ungewöhnlich eloquent und verstand es, jeden Fall überzeugend und wohlbegründet vorzutragen. Sie war eine vorzügliche Menschenkennerin und muß wohl auch als reife Dame über erstaunlich viel Witz und Charme verfügt haben. Entscheidend jedoch war ihre rastlose Energie und Willenskraft, der so leicht keiner gewachsen war.

Und ausgerechnet diese Frau, die er seit der Heirat der Tochter Renée unausgesetzt enttäuscht, geärgert und entsetzt hatte, die ihm bei alldem schon längst nicht mehr gewogen sein konnte – diese so mächtige und einflußreiche Präsidentin macht der leichtsinnige Marquis zu seiner Todfeindin durch die Verführung ihrer noch unverheirateten Tochter Anne-Prospère. Alles andere hätte sie vielleicht noch verziehen. Dies jedoch nicht. Durch diesen Skandal wurden ja auch die Heiratschancen des leichtsinnigen Mädchens beinahe vernichtet; selbst wenn sie durch eine ungewöhnlich hohe Mitgift einen Bewerber fände, dann bestimmt keinen erstklassigen mehr aus der großen Gesellschaft. Dieser Familienmakel war nicht wiedergutzumachen. Von dem Moment an, wo die versteinerte Präsidentin die Wahrheit erfuhr, wurde sie die unversöhnliche Gegnerin des Marquis – und was das bedeutete, das sollte dieser Wahnwitzige fortan aufs Grausamste erfahren.

Über die Reise des Marquis und seiner Schwägerin, die er als seine Frau ausgibt, durch Italien ist fast nichts bekannt. In Venedig haben sie sich bestimmt längere Zeit aufgehalten. In dieser großen Vergnügungsmetropole des europäischen Rokoko konnte man auch am besten untertauchen: die Signoria ließ alle Fremden unbehelligt, sofern sie gut bei Kasse waren. Aber de Sade, der nie hauszuhalten verstand, war sicherlich bald wieder in Geldnöten. Dann mußte einer der beiden mitreisenden Kammerdiener nach La Coste aufbrechen und der Marquise einen Brandbrief ihres Mannes überbringen. Immer

Der Marquis de Sade. Phantasie-Porträt aus der Restaurationszeit

neue Verschuldungen ging sie ein, um ihrem flüchtigen Mann gefällig zu sein, und dabei war die wirtschaftliche Lage der Familie längst geradezu trostlos. Noch mehr hatte sie, welche Schritte sie auch unternahm, unter der Diffamierung des Namens de Sade selbst zu leiden: die Skandalchronik und der Klatsch in Paris wie im ganzen Lande machten aus dem Marquis einen wahren Satan von Sexualverbrecher, jedes Kind kannte den Namen des Ungeheuers. Ohne den stets wirksamen Schutz ihrer mächtigen Mutter wäre die bedauernswerte Renée vor Verzweiflung umgekommen. Aber dieses Eintreten der Präsidentin galt fortan nur ihrer Tochter und deren drei Kindern: für diese Unschuldigen wollte sie den Namen ihres Schwiegersohns wenigstens vor den Gerichten retten – der Schuldige und Unverbesserliche selbst sollte jedoch künftig der Freiheit verlustig gehen, die er ja nur für neue Skandale mißbrauchen würde; eine solche Sicherheit würde auch jeder Bewerber verlangen, bevor er Anne-Prospère mit ihrem so sehr geschädigten Ruf heiratete.

Der ahnungslose de Sade war überzeugt, seine Schwiegermutter werde, wenn auch zähneknirschend, die Kassation des unmöglichen Urteils erwirken, und dann war er ja frei und konnte wieder in Frankreich leben. Und erst recht werde sie gegen ihn nichts tun wegen ihrer jüngeren Tochter. Die Familienehre verbot ihr, es hierin zu einem Skandal kommen zu lassen; dieses Schweigen schützte aber wiederum den Verführer. Er kannte Madame de Montreuil nicht!

Es dauerte eine gewisse Weile, bis sie de Sades Aufenthalt und Reiseinkognito erfahren hatte; wahrscheinlich hat ihr dieser überaus nachlässige Mann die Nachforschungen nicht einmal sonderlich schwer gemacht. Jedenfalls erfährt sie, daß der Gehaßte für den Oktober ein Landhaus in Chambéry gemietet habe. Unverzüglich erwirkt sie in Versailles beim Außenminister eine diplomatische Intervention beim König von Sardinien, der in Turin residiert; Graf Lascaris, der sardinische Außenminister, antwortet umgehend, daß es dem König ein Vergnügen sei, der Bitte einer am Hof so hochakkredierten Dame nachzukommen. Der Comte de Mazan alias Marquis de Sade wurde also schnellstens verhaftet und am 9. Dezember in die sichere Zwingburg Miolans in Savoyen gesperrt. Zwar kommt ihm der Festungskommandant de Launay aufs Höflichste entgegen und tut in der Folge, was er kann, für den recht ungebärdigen, jähzornigen französischen Edelmann. Aber er hat strikte Vorschriften und haftet dafür, daß de Sade nicht entweicht. Über alles, was mit dem Gefangenen zu geschehen habe, verständigt sich nun die Präsidentin mit dem sardinischen Außenminister direkt. An der Beflissenheit, mit welcher dieser auf alles eingeht und ausführlich antwortet, vermag man immerhin auch die Macht dieser Dame zu beurteilen, über die er sich durch den sardinischen Gesandten in Versailles selbstverständlich längst unterrichtet haben wird. Und dem hat der gefangene Marquis nichts entgegenzusetzen als die unentwegten Bittgesuche der völlig einflußlosen Marquise. Jedes Schriftstück, jeden Brief möchte die Präsidentin in ihren Besitz bringen und alles solle ihr schnellstens geschickt werden. Kein Verkehr mit der Außenwelt vor allem – «wichtig ist einzig, daß Herr de Mazan weiterhin in Haft bleibt ... alles andere sind sekundäre Angelegenheiten».

Am 14. Mai 1773 muß der sardinische Gesandte jedoch Madame Montreuil die betrübliche Mitteilung von der Flucht des Gefangenen in der Nacht zum 1. Mai machen; eine Verfolgungsabteilung konnte nur feststellen, daß der Marquis bereits die nahe französische Grenze auf der Straße nach Grenoble überschritten hatte. Aber der befürchtete Zorn der mächtigen Frau blieb aus, sie zeigte sich sogar merkwürdig gefaßt. Wenige Tage vorher nämlich, am 10. Mai, war Ludwig XV. gestorben. Nun galt es, im neuen Hofstaat, schwer behindert dazu noch durch die streng eingehaltene Hoftrauer, Fuß zu fassen und wiederum einen Kreis verläßlicher Vertrauter zu finden.

Auf der anderen Seite war es nicht zuletzt die große Unruhe durch den Thronwechsel im ganzen Lande, die dem Marquis – einem rechtens zum Tode Verurteilten! – bei der heimlichen Rückkehr zustatten kam. Längere Zeit kümmert sich niemand um ihn, noch gibt es Anzeichen neuerlicher Verfolgung. So lebt also der noch immer steckbrieflich Gesuchte vorerst unbehelligt auf seinem Stammschloß La Coste. Einigen Routinefahndungen vermag er sich mühelos zu entziehen. Seine erbuntertänigen Bauern, aber auch die Pfarrer und Handwerker haben ihn nicht verraten, und gar die Marquise, die ja auch seine Flucht organisiert hatte, ist überglücklich, das launische Scheusal wieder zu Hause zu haben. De Sade bekommt jetzt auch heraus, daß der bevollmächtigte Verwalter, ein Notar aus Apt (der Marquis war durch seine Verurteilung aller Ehren- und Verfügungsrechte verlustig gegangen), schon seit längerer Zeit Spitzeldienste für die Präsidentin versieht, und veranlaßt seine Frau, die interimistisch als Vermögensberechtigte eingesetzt worden ist, sogleich einen neuen Verwalter einzusetzen; dies wird der Notar Gaufridy, der mit den Jahren zum Vertrauten und Freund des Marquis wird und eine wichtige Rolle in seinem ferneren Leben bis zum Tode spielt. Diesen Gaufridy beauftragt er auch sogleich, in Paris für die Wiederaufnahme des unmöglichen Prozesses von Aix und die Annullierung des Urteils bemüht zu sein. Auch die Marquise reist mehrmals nach Paris, um dringend Bittgesuche den neuen Ministern persönlich zu überreichen. Eine günstige Voraussetzung ist ja allein schon, daß der gehässige Minister Maupeou vom jungen König all seiner Ämter enthoben worden war. Aber ein konkreter Erfolg bleibt de Sade trotz der Bemühungen versagt, und das ist mehr als unangenehm für ihn, der sich allmählich bedroht fühlt und keinen Tag vor peinlichen Überraschungen sicher ist.

Am geborgensten fühlt er sich nach wie vor in seinem Stammschloß. Aber wer da glaubt, der Marquis sei nun ein wenig klug geworden und bemüht, unter den obwaltenden Umständen einen unanstößigen Lebenswandel zu führen, irrt sich. Bloß der Ort seiner neuen Ausschweifungen ist nunmehr keine petite maison oder ein Provinzhotel, sondern notgedrungen sein eigenes Stammschloß. Der neue Skandal – als Zusammenfassung einer Reihe von Einzelskandalen – wurde als «Der Skandal der kleinen Mädchen» bekannt, weil es sich zumeist um fünfzehnjährige Mädchen handelte, die unter dem Vorwand, es warte ihrer gutbezahlte Arbeit im Schloß, engagiert worden waren, wo sie dann in Wirklichkeit in die sexuellen Bacchanale während des Winters eingereiht wurden – die Phantasie des Marquis schien unerschöpflich zu sein. Eine Anzahl dieser Mädchen konnte übrigens nur gewonnen werden, nachdem man den Eltern und Vormündern versichert hatte, es sei gar nicht der berüchtigte Marquis, der sie engagiere, sondern ein Mann aus einer der vielen Seitenlinien – woraus man ersehen kann, wie gut de Sade seinen schlechten Ruf kannte.

Warum mußten es auf einmal unbedingt halbwüchsige Mädchen sein? Bisher hatten solche in den Ausschweifungen nämlich gar keine Rolle gespielt. Aber dem übermächtigen, kaum faßbaren Sexualtrieb de Sades gesellte sich fast von Beginn an auch eine intellektuelle Neugier zu, jener Forschungseifer nämlich, von dem bereits die Rede gewesen ist. Die Vermutung liegt auch hier wieder nahe, daß in seiner Art, sexuelle Erfahrungen zu sammeln, methodische Neugier gewaltet habe – wenn auch längere Zeit unbewußt. Er war ein intelligentes Scheusal und schon immer stark in der Selbstanalyse, oder, besser gesagt, der Selbstbeobachtung bei seinen Ausschweifungen. Nie auch hat er seine Gesundheit untergraben bis zum physischen Verfall wie unzählige andere Wüstlinge in diesem ausschweifenden Zeitalter. Hatte er dem unwiderstehlichen Hang zum «Sadismus» einmal exemplarisch nachgegeben, dann konnte er monatelang das Leben eines zurückgezogen lebenden Edelmannes führen, dem Familienleben und der Lektüre gewidmet.

Es gab wegen des «Skandals der kleinen Mädchen» jahrelang Aufregungen, amtliche Untersuchungen und peinliche Enthüllungen, geschürt nicht zuletzt von den Eltern der Mädchen, die auf Stillschweigegelder hofften und nicht immer vergeblich hofften. Denn die Präsidentin muß im Hinblick auf den Ruf ihrer Tochter wie der ständig bei ihr lebenden Enkelkinder intervenieren und ihre mächtigen Beziehungen nach allen Seiten hin – mit Erfolg – spielen lassen. Sie ist dabei nicht gerade kleinlich vorgegangen: allzu plaudersüchtige oder widerspenstige Mädchen werden wegen fingierter Vergehen einfach ins Zuchthaus gesperrt. Ein anderes Mädchen wird beim Abbé de Sade versteckt und ärztlich gepflegt. Ein wütender Vater gibt sogar zwei fehlgehende Schüsse auf den Marquis ab, obgleich das Mädchen in diesem Falle, im Schlosse Justine genannt, den Dienstherrn verteidigt und lieber bleiben möchte. Er muß sie jedoch auf richterliche Anordnung herausgeben und schreibt darüber an Gaufridy, in diesem Lande brauche bloß eine tote Katze angeschwemmt zu werden und alle Welt sage, der Marquis sei der Schuldige. Im Sommer 1775 erfuhr er jedoch zu seinem Schrecken, seine Schwiegermutter habe einen neuen Haftbefehl gegen ihn erwirkt, und sein alter Feind Marais sei bereits auf dem Wege, ihn zu verhaften. Da flüchtet er noch einmal, für ein ganzes Jahr, nach Italien.

Trotzdem ist der Marquis unfähig, sich schuldig zu fühlen, höchstens Unvorsichtigkeit wirft er sich vor. Fünf Jahre später, im Kerker von Vincennes, schreibt er an seine Frau eine Art Rechenschaftsbericht über den «Skandal der kleinen Mädchen». Man sollte ihn lesen, um einen zureichenden Einblick in die Mentalität de Sades zu bekommen – der immer sein Verhalten verteidigen und andere beschuldigen wird.

Jemanden vier oder fünf Jahre ins Gefängnis zu werfen wegen einer Mädchengeschichte, wie sie sich in Paris täglich hundertmal wiederholt! Und ihm dann zu sagen, er könne froh sein, mit fünf Jahren Gefängnis davonzukommen, und es sei nur zu seinem Besten, wenn er derart gequält worden sei ...

Da man mich gezwungen hatte, meine Zeit allein in einem einsamen Schloß und fast immer ohne Sie zu verbringen, und da es eine kleine Schwäche von mir ist (ich muß es gestehen), daß ich die Frauen vielleicht etwas zu sehr liebe, habe ich mich in Lyon an eine Kupplerin gewandt und zu ihr gesagt: ich möchte drei oder vier Dienerinnen mitnehmen, sie sollen jung und hübsch sein; verschaffen Sie mir solche Mädchen. Diese Frau war in Lyon die offiziell anerkannte Kupplerin ... sie verspricht mir die Mädchen und gibt sie mir. Ich nehme sie mit und bediene mich ihrer. Nach sechs Monaten kommen Eltern, um ihre Töchter abzuholen und versichern, es seien ihre Kinder. Ich gebe sie ihnen, und plötzlich entsteht gegen mich ein Prozeß wegen Entführung und Notzucht. Hier das Gesetz: ... es ist in Frankreich einer Kupplerin ausdrücklich verboten, Jungfrauen zu liefern, und wenn das gelieferte Mädchen eine Jungfrau ist und klagt, wird nicht der Mann verantwortlich gemacht, sondern die Kupplerin, die auf der Stelle streng bestraft wird. Demnach ist diese erste, in Lyon gegen mich erhobene Anklage auf Entführung und Notzucht ungesetzlich: ich bin nicht schuldig, die Kupplerin, an die ich mich gewandt hatte, hätte bestraft werden müssen, nicht ich. Doch von ihr war nichts zu gewinnen, von mir dagegen hofften die Eltern Geld zu bekommen ... hiermit ist die Existenz der fünf Mädchen aus Lyon festgestellt, und zwar so klar, daß der geschickteste, verschlagenste Jurist mir nicht das Gegenteil beweisen könnte.

Fahren wir fort. Drei andere Mädchen – in einem Alter und in Verhältnissen, daß sie nicht von ihren Eltern zurückverlangt werden konnten – haben vorher oder nachher ebenfalls auf Schloß La Coste gewohnt. Erzählen wir ihre Geschichte, und wenn sie eine Generalbeichte werden sollte. Denn es ist meine Absicht, und ich will mein möglichstes tun, den kleinsten Beweis zu entkräften, daß alle diese Greuel wahr sind, die man mir andichtet und die Madame de Montreuil, leichtgläubig wie sie ist, als Waffen dienen, die sie für ihre Rache braucht. Das erste dieser Mädchen hieß Du Plan und war Tänzerin am Theater von Marseille. Ganz offiziell, ohne Inkognito, wohnte sie als Haushälterin im Schloß und verließ es ebenso offiziell ... also auch ihretwegen keine Sorge. Die zweite kam aus Montpellier und hieß Rosette. Sie lebte ungefähr zwei Monate verborgen auf dem Schloß. Dann aber langweilte sie sich und wollte fort. Wir kamen überein, sie solle an einen ihr bekannten Mann in Montpellier schreiben, der von Beruf Tischler ist und, ich glaube, ihr Hauswirt in besagter Stadt war. Dieser sollte sie am Fuß der Schloßmauer abholen; Stunde, Ort, Tag und Treffpunkt – alles war vereinbart. Am genannten Tag erschien er denn auch, und das Mädchen wurde ihm von mir selbst übergeben … Im Oktober 1776 mußte ich, wie Sie wissen, vierzehn Tage in Montpellier verbringen und brachte von da das dritte Mädchen mit. Besagte Rosette lebte damals in Montpellier, der Beweis dafür ist, daß ich sie sah, sie sah in jeder Weise, oder anständiger ausgedrückt: in des Wortes wahrster Bedeutung, und sie war es, die diese dritte, Adélaïde, dazu veranlaßte, mit mir zu kommen und zu tun, was sie getan hatte. Dabei versicherte sie ihr vor zwei oder drei Frauen … daß sie, abgesehen von der Einsamkeit, mit allem, was ich täte, zufrieden sein konnte …

Was ist nun das Resümee von alldem? Zweifellos legt man Monsieur de Sade die größten Greuel zur Last. Aber Monsieur de Sade ––– will zeigen, daß er in dieser letzten Sache, wie in allen anderen, keine Proben und Experimente vorgenommen und keinen Mord begangen, sondern nur das getan hat, was alle Welt tut, daß er mit Mädchen verkehrt hat, die bereits alle verführt und ihm von einer Kupplerin zugeführt worden waren, daß also das, was er tat, mit Verführung nichts zu tun hat und daß man ihn gleichwohl bestraft und leiden läßt, als habe er die größten Verbrechen begangen … Das sind alle meine angeblichen Verbrechen … und ich schwöre, ich werde es so überzeugend beweisen, daß man sich der Wahrheit unmöglich verschließen kann … Ja, ich gestehe, ich bin ein Wüstling; alles, was man sich auf diesem Gebiet vorstellen kann, habe ich mir vorgestellt, aber ich habe durchaus nicht alles getan, was ich mir vorgestellt habe, und werde es auch nie tun. Ich bin ein Wüstling, aber ich bin weder ein Verbrecher noch ein Mörder.

Der Marquis ist äußerst beredt; er wäre sicherlich auch ein schneidiger Strafverteidiger geworden, denn er scheint zu wissen, daß ein Plädoyer sorgfältig auf die Mentalität derjenigen abgestimmt sein muß, auf die es wirken soll. Aber viele Dinge haben sich, wie spätere Nachforschungen ergaben, denn doch etwas anders, und zwar zu de Sades Ungunsten anders, abgespielt. Aber die Ausführungen sind zugleich typisch für die Reaktionen de Sades, wenn er nach einem publik gewordenen Skandal im Gefängnis saß. Immer fand er sich unschuldig, verkleinerte die Vorgänge zum Alltäglichen und begriff nicht, warum man wegen der betroffenen Mädchen – fast immer Prostituierte – soviel Aufhebens machte. Daß es sich bei ihm um einen Fall besonderer Abartigkeit handelte, der in kein geläufiges Schema des Lasters paßte, ging ihm erst später auf, als er auch die Obszönität als Mittel einer Rebellion wider eine Moral begriff, mit der man nicht übereinstimmt. Aber zu solchen Erkenntnissen braucht man Zeit und erzwungene Einsamkeit, die alle Ablenkungen fernhält. Auch das gehörte bei de Sade zum Auftrag seines Schicksals und – nolentem fata trahunt – mit jedem neuen Skandal fordert er dieses Schicksal nachhaltiger heraus und beschleunigt seinen Gang von Mal zu Mal.

Ludwig XVI. von Frankreich. Stich von Henriquez

Einen willkommenen Anlaß, sich den Prozessen und Verhören in der Provence zu entziehen, findet de Sade in der Nachricht vom Tode seiner Mutter. Die Gräfin de Sade, seit 1767 Witwe und in einem Pariser Karmeliterinnenkloster völlig von der Welt zurückgezogen lebend, war am 14. Januar 1777 im Alter von 65 Jahren gestorben. Entgegen einiger zweckbetonter Beteuerungen empfand der Marquis schon seit seiner Jugend wenig für seine kühle, teilnahmslose Mutter, wie auch für seinen Vater, es gab nur seltene, kurze Höflichkeitsbesuche – ein liebloses Verhältnis bei fast völliger Entfremdung zwischen Mutter und Sohn, wie es gerade im französischen Hochadel damals keineswegs selten gewesen ist.

DIE «LETTRE DE CACHET»

Man beschwor de Sade von allen Seiten, keineswegs jetzt nach Paris und in die Nähe der lauernden Madame de Montreuil zu reisen. Aber der Marquis schlägt wie stets alle guten Ratschläge in den Wind. Am 8. Februar trifft er in Paris ein, am zehnten ist die Marquise unvorsichtig genug, ihrer Mutter darüber eine Äußerung zu tun, und am dreizehnten erscheint der sattsam bekannte Inspektor Marais im Hôtel de Danemark, wo der Marquis Wohnung genommen hat und verhaftet ihn auf Grund einer königlichen Lettre de cachet, frisch unterzeichnet von Ludwig XVI. Noch vor Mitternacht wurde der tieferschrockene Marquis ins berüchtigte Staatsgefängnis Vincennes eingeliefert. Im ersten Brief an seine Frau heißt es: *Ich bin in einem Turm hinter 19 eisernen Türen eingesperrt. Licht erhalte ich durch zwei kleine Fenster, von denen jedes mit zwanzig Stäben vergittert ist.* Madame de Montreuil hingegen über ihren verhafteten Schwiegersohn: «Der Mann ist verhaftet und in eine Festung in der Nähe von Paris gesperrt worden. Jetzt bin ich beruhigt und ich glaube, jedermann wird zufrieden sein.»

Von wenigen Ausnahmen abgesehen, war dies auch der Fall; der Marquis galt als der Paria des französischen Adels, und man war allgemein froh, diesen skandalösen, unfeinen Standesgenossen aus der Öffentlichkeit entfernt zu wissen. Die Lettre de cachet bewirkte in de Sades Fall eine Art Sicherungsverwahrung für einen notorisch Unverbesserlichen; sie trug ihm aber zugleich eine unvergleichlich bessere Behandlung ein als in unserer heutigen gleichmacherischen Zeit: ein Marquis aus altem Geschlecht mit Verwandtschaftsbeziehungen zum Bourbonenhaus genoß selbst im Kerker gewisse Privilegien. So konnte er sich mit eigenen Möbeln einrichten und auf eigene Kosten verpflegen lassen. Natürlich blieb er trotz alldem ein Gefangener, einer dazu, der nie wußte, wie lange seine Gefangenschaft dauern werde. Trotzdem darf man die oft sehr makabren Schilderungen de Sades bisweilen übertrieben finden – er hatte ja keine Ahnung, wie es tiefer unten, in den zum Teil unterirdischen Kerkern, bei den Nichtprivilegierten zuging, es fehlte ihm jeder Maßstab für solche Vergleiche.

Die Briefe des Gefangenen werden wie diejenigen an ihn vom Gouverneur der Festung Vincennes streng zensiert; so dauert es über ein halbes Jahr, bis die Marquise endlich erfährt, wo ihr Mann eingesperrt ist, und noch etwas länger, bis sie ihn zum erstenmal besuchen darf. Das Ansinnen von Madame de Montreuil, sich für wahnsinnig erklären zu lassen, was alle seine Affären in einem anderen Licht erscheinen lassen und das Todesurteil von Aix null und nichtig machen würde, lehnt de Sade energisch ab. Er besteht auf einem neuen Prozeß vor anderen Richtern. Endlich, Ende Mai 1778, befiehlt der König die Wiederaufnahme des Prozesses, das alte Urteil wird für nichtig erklärt und in einem hastig durchgepeitschten Verfahren wird dem Marquis nur eine gerichtliche Verwarnung wegen unmäßiger Ausschweifung und eine kleine Geldstrafe auferlegt. Die ganze Familie de Sade kann aufatmen, kein Makel haftet mehr auf dem Familienwappen, die Karriere der langsam heranwachsenden Söhne ist fortan nicht mehr gefährdet, und die Präsidentin, bei der sie leben und erzogen werden, wollte ja eben dies erreichen – ihre Meinung über den freigesprochenen Marquis hat sich deswegen nicht ein bißchen geändert. Gleich nach dem Freispruch muß dieser, der gewähnt hatte, nun bald nach La Coste aufbrechen zu können, zu seinem Erschrecken erfahren, daß die königliche Lettre de cachet unverändert weiter gelte. Mit dem Inspektor Marais als Hauptaufseher und zwei Polizeigehilfen ging es unverzüglich zurück nach Vincennes – längst war es der Präsidentin fester Entschluß, den verhaßten Schwiegersohn nie wieder in die Öffentlichkeit zurückkehren zu lassen. So eine Reise im Wagen von Aix bis Paris dauerte damals etwa zwei Wochen. Am zweiten Abend der Rückfahrt jedoch, in einem Übernachtungsgasthof in Valence, überlistet der verzweifelte Marquis seine Wächter und flüchtet. Obwohl man mit Hilfe der Stadtwache die ganze Nacht und den kommenden Tag nach dem Flüchtigen sucht, bleibt er unauffindbar...

Die Zwingburg von Vincennes

Ich versteckte mich in einer Scheune, wie sie von den Bauern bei ihren Dresch-Stadeln gebaut werden, nur ein paar hundert Meter von der Stadt entfernt, und ließ mich dann von zwei Bauern in Richtung

Montélimar führen. Aber nach etlichen Meilen besannen wir uns und stapften die Rhône entlang, um ein Schiff zu suchen, aber es kam keines. Nach Sonnenaufgang schließlich holte einer aus Vivarais ein kleines Fahrzeug, und ich wurde für einen Louisdor nach Avignon gerudert.

Wenige Stunden später betrat der Flüchtling sein Stammschloß La Coste. Hier glaubt er sich wieder aus unerfindlichen Gründen sicher und ist wochenlang von einer wahren Euphorie über seine glückhafte Rettung erfüllt. Eine geistvolle und sehr gebildete provenzalische Jugendfreundin, Mademoiselle de Rousset, hatte inzwischen über das Schloß gewacht und leistete dem Marquis Gesellschaft, die derbe, fröhliche Magd Gothon verpflegt ihn. Aber schon vier Wochen später wird er gewarnt; Späher streiften in der Gegend herum. Ein paarmal übernachtet er beim befreundeten Domherrn Vidal, aber dann bricht der alte Leichtsinn durch und er schläft wieder in seinem La Coste. Am 26. August vier Uhr morgens dringen ein Dutzend Polizisten unter Führung des Oberhäschers Marais ins Schloß ein und entdecken nach kurzer Suche den Marquis in einer Besenkammer, wo er sich im letzten Moment zu verstecken versucht hatte. Er wird sorgfältig gefesselt und unter den demütigendsten Umständen bis Valence eskortiert; von da, immer gefesselt und keinen Moment mehr aus den Augen gelassen, geht es in dreizehntägiger Wagenfahrt nach Vincennes, wo er mit einer weit schlechteren, nahezu lichtlosen Zelle vorlieb nehmen muß. Es dauert geraume Zeit, bis man ihm auch diesmal wieder einige Vergünstigungen einräumen wird. Im ersten Winter 1778/79 ging es ihm besonders erbärmlich. Nicht einmal Spaziergänge wie den anderen Häftlingen werden ihm erlaubt.

... erkläre mir, bitte, was Du meinst, wenn Du schreibst: Wenn Du nicht selber schreiben kannst, laß mir doch schreiben? Du glaubst wohl, es ständen Sekretäre zu meiner Verfügung. Aber von einem solchen Luxus bin ich weit entfernt, ich kann ja kaum meinen unabweislichen Bedürfnissen nachkommen! Ein unausgesetzt eiliger Mann erscheint viermal täglich in meinem Raum, zuerst bei Tagesanbruch, um mich zu fragen, ob ich wohl geruht habe. Die übrigen Male, um Essen zu bringen etc. Das sind viermal täglich genau abgemessene sieben Minuten, und das ist alles: stirb, wenn du willst, vor Langeweile und Kummer, es ist uns völlig gleichgültig! Früher sorgte man erheblich besser als gegenwärtig für mich, ich konnte spazierengehen, hatte Gesellschaft beim Essen und bewohnte eine gute Stube, wo man heizen konnte. Und jetzt niemand mehr, wenn ich esse, nur wenige Spaziergänge und verbannt in das feuchteste Zimmer des Gefängnisses – denn nur deswegen habe ich soviel Kopfschmerzen. Und zu alldem die Unmöglichkeit, zu heizen. Ich habe ... den ganzen Winter noch kein Feuer machen können und kann Dir versichern, daß ich es auch weiterhin nicht kann. So steht es, beste Freundin. Man braucht mich im Moment nicht, denn mein Prozeß ist ja erledigt. Falls ich krepieren sollte – um so besser, dann ist man mich endlich ganz los.

So heißt es in einem der unzähligen Briefe an seine Frau, die der Marquis im kommenden Jahrzwölft schreiben wird. Es wird noch etliche Jahre dauern, bis er endlich begreift, daß es wohlerwogene Absicht ist, ihm keine Chance mehr für die Rückkehr in die Freiheit zu geben. In Sachen der Tugend und Moral ist der neue König viel strenger und konsequenter als der dahingegangene, so mäßig es sonst mit seinen geistigen Gaben bestellt ist. Der Marquis, noch nicht vierzigjährig und verzehrt von sexuellem Verlangen, gerät allmählich an den Punkt, den Verstand zu verlieren oder eine Rettung zu ersinnen, die mehr ist als Surrogat und sterile Wunschvorstellung.

In allen Jahren seiner Haft wird de Sade ein äußerst unbequemer, zänkischer und streitlustiger Gefangener bleiben, launisch und unberechenbar dazu. An einem Tag ist er sanft und höflich, am nächsten beschimpft er alle, denen er begegnet. Bitter hat unter diesen Stimmungswechseln auch seine Frau zu leiden, die es ihm bei seinen Anweisungen und Bestellungen nie recht machen kann, obwohl sie unentwegt für ihn tätig und unterwegs ist. Er kränkt sie brieflich und beschimpft sie mündlich später bei ihren Besuchen, ja, er entwickelt sogar einen Eifersuchtskomplex mit hartnäckigen Verdächtigungen, einigermaßen erklärlich nur, weil sie eben frei war und er gefangensaß. Auch haßte er in ihr bisweilen nur die Tochter einer Frau, der er alle Schuld an seinem Schicksal zuschob – Selbstkritik war wirklich nicht die starke Seite dieses Mannes.

Außer der Marquise ist auch Mademoiselle de Rousset bei der Präsidentin und beim Hofe zu Versailles um ihn bemüht. Durch ihre Bitten erklärt sich der Minister de Maurepas bereit, den ganzen Dossier zu studieren, um die triftigen Gründe für die Haft des Marquis zu finden oder andernfalls den König um Freilassung zu bitten. Ja, Mademoiselle de Rousset besticht sogar einen Schreiber, um heimlich das ganze Aktenkonvolut zu studieren. Über das Ergebnis schreibt sie im Oktober 1780 an den Vermögensverwalter Gaufridy, der als Rechtsbeistand de Sades informiert werden muß:

«Die Lage ist immer die gleiche und wird es, glaube ich, noch lange bleiben. Nach langem Hinauszögern und vielen unbestimmten Versprechungen wollte ich die Begründung für die Haft sehen und ermöglichte auch Madame de Sade Einblick. Das war keine leichte Sache; die Person, die kühn genug war, den Streich zu unternehmen, riskierte die Galeere oder lebenslänglich Zuchthaus. Durch diese List haben wir erfahren, daß die verehrte Präsidentin nicht so schuldig ist, wie wir dachten. Er hat noch mächtigere, angesehene Feinde... Es gibt schwerwiegende Gründe, und sie lassen eine lange Gefangenschaft befürchten. Ob stichhaltig oder nicht, es sind die Trümpfe des Ministers bei allen Menschen von Anstand. Nach der Lektüre der Begründung haben der Minister und seine Gattin, zwei Prinzessinnen und andere Menschen gesagt: er gehört dorthin, wo er ist, seine Frau ist verrückt oder mitschuldig, wenn sie sich erdreistet, seine Freilassung zu verlangen... Verschiedene Polizeioffiziere, die sich im Schloß umsahen, haben gräßliche Aussagen gemacht.

Aber solchen Leuten wird geglaubt. Das ganze Leben Herrn de Sades ist in einem Folianten verzeichnet (verschweigen wir, von wem, er gehörte gehängt). Einige Einzelheiten, von denen ich annahm, nur wenige wüßten sie, sind bekannt und noch viele andere, großer Gott, über die tiefstes Stillschweigen herrschen muß, lassen mich an eine lange Gefangenschaft glauben.»

Das ist jedoch alles sehr undurchsichtig. Der Dossier über de Sade machte es offenbar unmöglich, sich für ihn mit dem Argument einzusetzen, er sei ein Opfer der Ungerechtigkeit. Aber ein Wink des Königs hätte den Dossier verschwinden lassen können – falls bloß ein Minister oder Vertrauter des Königs darum angesucht hätte. Aber das geschah schon allein deshalb nicht, weil der introvertierte Marquis keinen Freund am Hofe hatte; man benutzte den Fall als willkommenen Anlaß, der Öffentlichkeit eine tugendsame Entrüstung des Königs zu präsentieren – mit dergleichen kompensierte man unter Ludwig XV. die allgemeine Entrüstung über die verschwenderische Favoritin du Barry, unter dem sechzehnten Ludwig die Halsbandaffäre. Rechnet man die kaum verhüllte atheistische Gesinnung des Marquis hinzu und die Art und Weise, wie er immer neue Skandale förmlich provoziert hatte, dann empfand die tonangebende Hofgesellschaft den Fall des Marquis de Sade geradezu als eine Demonstration der Verachtung gegen ihren Lebensstil – dafür rächt sich jede herrschende Gesellschaft aufs Grausamste, wie es weit später etwa noch der Fall Oscar Wilde dartut. Bei allem Leichtsinn und riskanter Fahrlässigkeit wußte übrigens de Sade seit dem Fall Keller, daß er von seiner eigenen Klasse nichts mehr zu erwarten hatte. Es wirkt beinahe so, als hätte er selbst seinen Untergang für unvermeidlich gehalten, ja sogar beschleunigt.

Daß der Marquis sich trotzdem auch weiterhin hartnäckig sträubte, in seinem Tun eine Schuld zu erblicken, kann hier gleich vermerkt werden. Bei seinen Delikten lassen sich schon früh unterscheiden solche, die vielleicht bewußt experimenteller Natur sind, und andere, die seiner eminent perversen Natur entsprechen: zu diesen zog ihn ein unwiderstehlicher Trieb, den zu bestrafen de Sade keinen weltlichen Richter kompetent fand. Warum sollte er büßen, was zu Lasten der «Stiefmutter Natur» ging, wie er es später formulierte?

WIE SICH DE SADE RETTETE

Hinter den dicken Mauern von Vincennes gab es nun nicht die geringste Gelegenheit mehr zu Ausschweifungen, er konnte sich nur noch vergangene in Erinnerung rufen oder künftige ausmalen. Aber eine übermächtige erotische Phantasie wie die des Marquis kann sich nicht mit den blassen Schattenspielen der Erinnerung und Vorstellung begnügen, sie strebt nach Verwirklichung, nach der Lust in Aktion. Da die meterdicken Mauern von Vincennes zwischen ihm und dem Ziel seiner Begehrlichkeit standen, versuchte er es mit einer anderen Art der Verwirklichung, mit dem Fixieren seiner ungeheuerlichen Träume durch Tinte und Feder auf der Virginität weißen, unbeschriebenen Papiers. Vom Jahre der Verzweiflung 1780 an arbeitet de Sade als Schriftsteller an seiner Rettung. Der Autor de Sade schafft als Schriftsteller die ihm adäquate Welt und bevölkert sie mit Tausenden von Gestalten, Synonyma von Lust und Grausamkeit, die das Rokoko und auch das folgende bürgerliche Jahrhundert überdauern werden.

Empfang Ludwigs XV. für die Comtesse du Barry in Louveciennes. Aquarellierte Federzeichnung von J.-M. Moreau le Jeune. Paris, Louvre

Ludwig XVI. und Marie-Antoinette auf einem Maskenfest im Hôtel de Ville zu Paris, 1782

Schon oft hat man sich mit der Frage befaßt, ob de Sade auch als freier Mensch ein Schriftsteller geworden wäre oder nicht vielmehr alle Zeit neuen Ausschweifungen gewidmet hätte. Da muß man zunächst auf die fast unbekannt gebliebene Tatsache hinweisen, daß nach dem Zweiten Weltkrieg auch ein Band mit Jugendschriften aus den Jahren 1764 bis 1769 gefunden wurde, die größtenteils noch nicht veröffentlicht worden sind. Auch einige Theaterstücke scheint er bereits früher geschrieben zu haben; dazu kommen die Niederschriften verschiedenster Art, die in Miolans und später auf La Coste auf Betreiben von Madame de Montreuil konfisziert und mit Sicherheit vernichtet wurden. Schriftstellerische Übung hat demnach der Marquis durchaus schon besessen, bevor die lange Einsamkeit in den verschiedenen Kerkern begann. Auch erfährt man aus der früheren Zeit immer wieder, wieviel Zeit er der Lektüre widmete und dabei sich besonders mit den Werken seiner Zeitgenossen befaßte.

Trotzdem war das, was er vorher geschrieben hatte, das Werk eines Amateurs – sehr viele Edelleute betätigten sich im damaligen

Frankreich nebenbei als Schriftsteller, sie taten es aus Vergnügen und weil sie Geld und Muße genug dazu hatten. Bei dem eingesperrten de Sade verhielt es sich natürlich anders. Er begann zu schreiben, um seine Existenz mit anderen Mitteln fortzusetzen; von der Welt und allen Menschen, vor allem den Frauen abgeschnitten, versuchte er eine Welt der Imagination zu schaffen, die denjenigen Gesetzen entsprach, die sein eigenes Schicksal bestimmten und deren Werke in ihrer Gesamtheit eine riesige, nie aufhörende Auseinandersetzung dieser seiner Welt mit der verabscheuten Welt einer denaturierten Moral werden sollten, als deren unschuldiges Opfer er sich fühlte. Bis 1782 scheint er vorwiegend Tagebuch geführt zu haben (auch dieses Tagebuch ist verlorengegangen), dann setzte er in fieberhaftem Tempo zum Hauptstock jener Bücher an, die wegen ihrer unüberbietbaren Anstößigkeit verdammt blieben, obwohl sie von einem Autor stammen, dem man Genie bescheinigen muß, so gern man lieber das Gegenteil täte. Von diesen Werken wird noch zu reden sein. Auf jeden Fall bleibt jedoch festzuhalten: während andere Gefangene, die jahrzehntelang der Freiheit beraubt sind, in der Regel geistig abstumpfen und in dumpfe Resignation verfallen, läuft der Marquis nach einiger Zeit hemmungsloser Verzweiflung schnell zur höchsten Form seines Geistes auf und legt die Basis für seine höllische Unsterblichkeit.

In den zwölf Jahren seiner Abgeschlossenheit von der Außenwelt wird de Sade sechzehn dicke Bände mit seiner ungemein eleganten, nahezu kalligraphischen Handschrift füllen, ungerechnet die Tagebücher, Notizen und unzähligen Briefe. Das setzt nun freilich rein äußerlich voraus, daß man ihn im allgemeinen ungehindert schreiben ließ, obschon es Kontrollen gab, Beschlagnahmungen auf Befehl des Kommandanten und gelegentliche Schreibverbote – später fertigte der Gefangene deshalb sogar Abschriften an, die er versteckte oder steckte die Manuskripte seiner Frau zu, wenn sie ihn in seiner Zelle besuchen durfte. Er besaß die Erlaubnis, an dunklen Tagen oder im Winter bis Mitternacht bei Kerzenlicht zu arbeiten und litt niemals Mangel an Tinte, Papier und Büchern. Jedes Buch mußte freilich einzeln genehmigt werden; als man ihm im Jahre 1783 die «Confessions» von Rousseau verweigerte, schrieb er einen wütenden Brief an seine Frau, die er mitverdächtigte:

Mir die Confessions von Jean-Jacques Rousseau zu verweigern, ist wieder eine großartige Sache, vor allem, nachdem man mir Lukrez und die Gespräche von Voltaire geschickt hatte; das ist ein Beweis für das Unterscheidungsvermögen, die tiefschürfende Urteilskraft Ihrer Berater. Ach, Sie tun mir zuviel Ehre an, wenn Sie glauben, das Buch eines Freigeistes könnte schädlich für mich sein – wäre ich bloß noch in diesem Stadium. Ihr seid nicht sehr großartig bei Euren Behandlungsmethoden, meine verehrten Aufpasser. Nehmt zur Kenntnis, daß der eigene Charakter eine Sache gut oder schlecht macht, beileibe nicht die Sache als solche … Geht davon aus und seid so einsichtig, mir das gewünschte Buch zu schicken wie zu begreifen, daß Rousseau für bigotte Heuchler möglicherweise ein gefährlicher Autor ist, mir jedoch ausgezeichnet mundet ... Wenn Ihr nicht wollt, daß ich mich daran bessere, na schön. Gutsein ist für mich etwas Peinliches und Zuwideres, ich wünsche mir ja gar nichts Besseres, als in meinem Morast zu verharren, es gefällt mir darin ... Ich wette, Ihr habt Euch zum Beispiel eingebildet, es würde auf mich wie ein Wunder wirken, wenn Ihr mich zur Abstinenz von allen Freuden des Fleisches zwingt. Da habt Ihr Euch indessen geirrt, denn Ihr habt mein Gehirn in Glut versetzt und mich imaginäre Gestalten ersinnen lassen, die es sofort zu verwirklichen galt: wenn man einen Topf auf allzu starkes Feuer stellt, dann quillt er über, wie Ihr wohl wißt ...

Bei seinem verzweifelten Grübeln geriet der Marquis immer wieder an die Relativität aller Moral, da es doch so zahlreiche Moralsysteme in seiner Epoche und in aller menschlichen Vergangenheit gab, die sich fast alle widersprechen, mehr oder minder willkürliche Ordnungen darstellen, in ihrer Gesamtheit also etwas Künstliches sind und sich auf keine vorgegebene Natur berufen können. Es ist nicht einzusehen, warum die eine Lust besser sein solle als irgendeine andere; erst die Befriedigung lehre, welche Richtung beim einzelnen der Trieb bevorzuge. Beim Sexualakt sei es immer der Stärkere von beiden, der die Form seiner Befriedigung durchsetze, deshalb bleibe selbst im zahmsten Fall ein Rest von Gewalt und Grausamkeit. Aber auch diese Grausamkeit zu erdulden, sei eine Form von Lust, so legitim natürlich wie Schmerz zuzufügen. Unsinnig sind beim Sexus alle Gegensatzpaare wie gut und böse, schön und widerlich, natürlich oder unnatürlich, normal oder pervers. Wer all dies verachte und ausschließlich auf ein Maximum an individueller Geschlechtslust bedacht sei, der gelange zum Einklang mit sich selbst und demonstriere die unbedingte, natürliche Freiheit seiner Person als spontanes Erlebnis.

Diese Freiheit zu statuieren, dieses radikale Recht des einzelnen, der sich als der Stärkere und Vitalere weiß, wird in den Kerkern von Vincennes und der Bastille der rachsüchtige Ehrgeiz de Sades. In der Freiheit hatte er sich, gehemmt von Gesellschaftsrücksichten aller Art, bei all seinen Experimenten und Skandalen auf die verachteten Prostituierten beschränkt – was hatte ihm diese Bescheidung beschert? In einem Brief an seinen früheren Diener Carteron heißt es:

... in Frankreich läßt man es nicht ungestraft an Respekt für eine Hure fehlen. Man kann Böses über die Regierung, über den König, über die Religion sagen: das alles macht nichts. Aber eine Hure, ... Kreuzdonnerwetter, eine Hure zu beleidigen, muß man sich hüten, denn augenblicklich kommen die Sartine, Maupeou, Montreuil und andere Helfershelfer der Bordelle solidarisch den Huren zu Hilfe und sperren unerschrocken einen Edelmann wegen einer Hure zwölf oder fünfzehn Jahre lang ein.

Daß es weit weniger die Prostituierten und ihre Klagen waren, wodurch sich de Sade den unauslöschlichen Haß der mächtigen Madame de Montreuil, seiner Schwiegermutter, zugezogen hatte, verhehlt sich hier (und in vielen anderen verwandten Äußerungen) der Marquis oder will es vielleicht noch immer nicht wahrhaben. Wahrscheinlich hat es für sein Bewußtsein keine besonders reale Bedeutung mehr, er fühlt sich allein als unschuldiges Opfer seiner Triebveranlagung verfolgt und eingekerkert. Seine Rache soll also zugleich seine Selbstrettung werden, und so erschafft er sich jetzt eine Welt von Leibern, wo er auf Prostituierte verzichten kann und ganz frei ist vom heuchlerischen Moralkanon seiner Zeit. Hier kann er zugleich seine eigene, schrankenlose Freiheit mit völliger Rücksichtslosigkeit demonstrieren und vollbringt zugleich etwas, was ihm freilich unbewußt bleibt: er sublimiert seinen unersättlichen, raubtierhaften Sexus. Langsam und in unregelmäßigen Schüben wird ihm das Schreiben bald zu mehr als einem Ersatz für das Tun. Die Kerkerzelle bedrückt nicht mehr so unerträglich, die Mauern werden durchlässig. Der Marquis kann seinen Gelüsten frönen, ohne Verfolgungen befürchten zu müssen, und seine Welt ist frei, weil sie der Marquis konsequent nach seiner Überzeugung erschaffen hat. Das Laster erscheint darin als das Kräftige, Mächtige und immer Grausam-Siegreiche, die Tugend hingegen als das Vollendet-Unnatürliche und deshalb von vornherein Unterlegene. Es ist die Tugend des Lasters, nur seinen eigenen Intentionen zu folgen und nie der Verführung des Mitleids zu erliegen. Was gemeinhin Perversität genannt wird, bedeutet hier oft nur die angeborene Richtung der Triebbefriedigung.

Ich möchte, sagt die Clairwil im Roman *Histoire de Juliette, ein Verbrechen finden, das unaufhörlich fortwirkt, selbst unabhängig von mir, so daß es niemals einen Moment in meinem Leben gäbe ... wo ich nicht die Unordnung bis zu einer universalen Verderbnis führe, zu einer Destruktion, die weiter über die Dauer meines Lebens fortwirkt.* Und darauf erwidert Juliette als vollendete Inkarnation des Lasters: *Dann probier es mit dem geistigen Verbrechen und schreib!*

De Sade, der nunmehr – schreibend hinter dicken Mauern – nicht mehr sein wahres Wesen zu verleugnen braucht, sondern eins wird mit seiner unverhohlenen Existenz, gewinnt damit auch eine furchtlos-überlegene Haltung seinen Feinden gegenüber, die stets bereit sind, ihn zu vernichten, um die herrschende Moral zu retten. An einer anderen Stelle der *Histoire de Juliette* sagt jemand: *Der echte Wüstling liebt sogar den Makel, den sein gräßlicher Lebenswandel hinterließ. Gab es nicht solche Menschen, die sogar ihre Martern liebten, die ihnen von menschlicher Rachsucht zugefügt wurden und sie mit Lust erlitten, ja, für die selbst das Schafott eine Stätte des Ruhms war, die sich geschämt hätten, dort mit weniger Lust zu sterben als einst bei der Ausübung ihrer Frevel? Auf diese Weise gelangt der Mensch zum höchsten Gipfel seiner bewußten Verderbtheit.*

Nicht de Sade ändert sein Wesen oder wandelt seine Mentalität, sondern die Umstände sind es – wenn man nicht das Wort Schicksal vorzieht –, die ihn nunmehr aller Rücksichten, soweit er sie bisher befolgt hat, entheben, jeden Kompromiß mit der geltenden Moral überflüssig machen und ihn zum Wortführer seiner eigenen Existenz erheben. Und so läßt sich feststellen, daß es seine Feinde waren, die ihm die größten geistigen Freiheiten verschafften und alle Störungen von ihm fernhielten.

Im Frühjahr 1781 erwirkt Madame de Sade durch eine Schwester Ludwigs XVI. die königliche Erlaubnis, den Gefangenen von Vincennes in die Festung von Montélimar in Südfrankreich bringen zu lassen; dort könnte er, nicht weit von Avignon, sich besser um seine Güter und Geschäfte kümmern. Aber der Marquis weigert sich entschieden, von dieser Erlaubnis Gebrauch zu machen: wenn man nicht bereit sei, ihm die volle Freiheit zu geben, ziehe er es vor, in Vincennes zu bleiben.

Kaum einen Monat später erhält er die Nachricht, daß Anne-Prospère, seine Schwägerin und Geliebte bei der Flucht nach Italien, nach kurzer Krankheit an den Pocken gestorben ist. Alle Versuche ihrer Mutter, der vielgewandten Präsidentin, durch die verlockende Aussicht auf eine hohe Mitgift einen Ehemann für ihre skandalumwitterte Tochter zu finden, waren vergeblich geblieben – zum guten Teil auch deshalb, weil Anne-Prospère wenig Entgegenkommen zeigte und sich lieber als Stiftsdame in ein Kloster zurückzog. Wie bereits erwähnt, ist jede Zeile aus der Korrespondenz der beiden vernichtet worden. So bleibt man auf Mutmaßungen über das angewiesen, was sich zwischen den beiden abgespielt haben mag, daß bald nach der Flucht des Marquis aus Miolans eine so merkwürdige Entfremdung eingetreten war.

Nach fast viereinhalb Jahren erhält die Marquise im Juli 1781 zum erstenmal die Erlaubnis, ihren Mann in Vincennes zu besuchen. Aber schon beim ersten Wiedersehen wie auch bei einigen folgenden Besuchen macht der Marquis seiner gewiß schuldlosen Frau so wilde Eifersuchtsszenen und führt sich derart turbulent auf, daß nicht nur ein längeres Verbot, Besuche zu empfangen, die unvermeidliche Folge ist, sondern daß auch die Korrespondenz des Marquis von der Beförderung ausgeschlossen wird. Wie sich die Marquise gegen die Verdächtigungen ihres inhaftierten Mannes verteidigt, zeigt eine wahrhaft vornehme und liebende Seele: «... Es genügt mir nicht, daß mein Gewissen mir nichts vorzuwerfen hat: ich will, daß Du glücklich und zufrieden bist. So ist es mir beinahe lieber, daß Du mir alle Deine Verdächtigungen und Befürchtungen offen gesagt hast, denn es fällt mir leicht, sie zu entkräften ... Und doch demütigt es mich, wie Du über mich denkst. Das mir, die ich nur für Dich da bin und lebe! Mir mißtraust Du und erniedrigst mich! Ich werde schweigen, aber Du hast mein Herz tief verwundet ... ich brauche mich nicht zu rechtfertigen: meine Lebensführung ist offen für alle Augen. Nein, das ist nicht möglich, was Du denkst und schreibst, falls Du mich kennst, wie Du mich eigentlich kennen solltest ... auch mein Herz

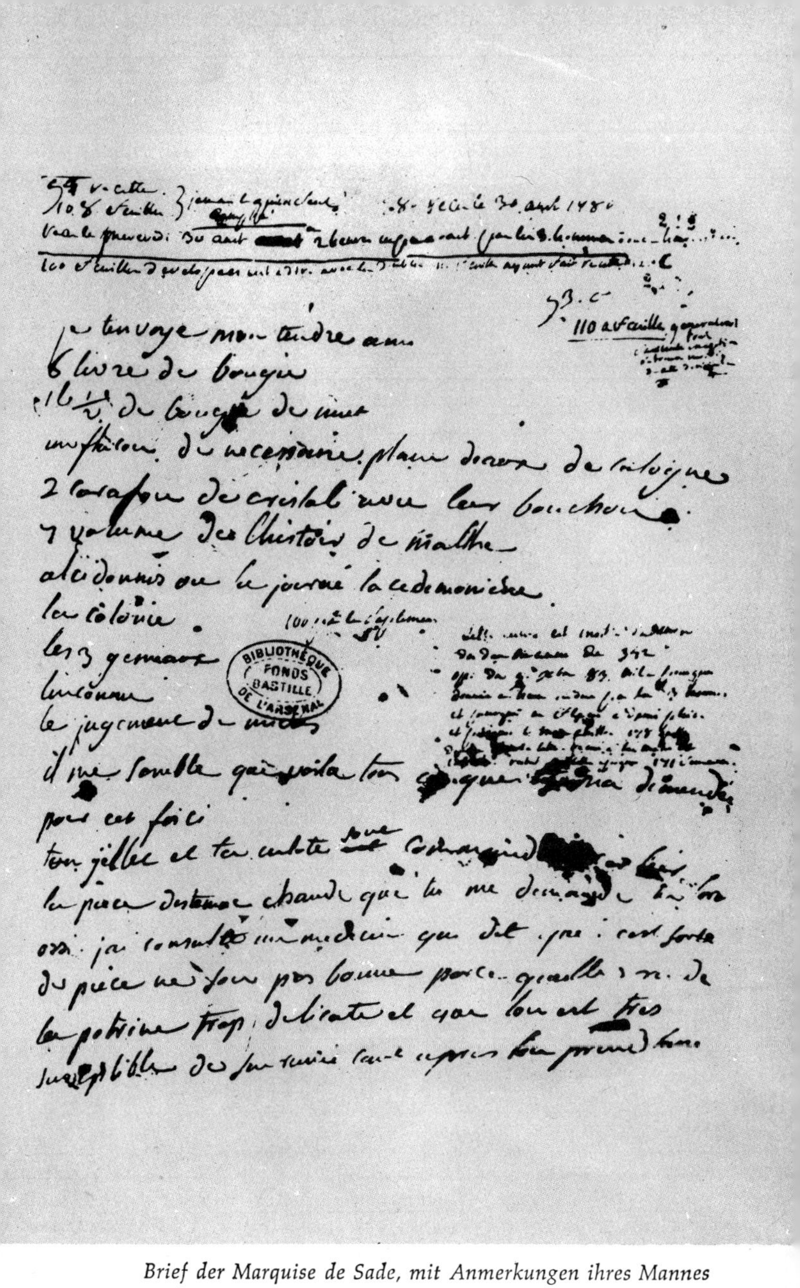

je tenvoye mon tendre ami
6 livre de bougie
1 l 1/2 de bougie de nuit
un flacon du necessaire plane doree de cologne
2 carafon de cristal avec leur bouchon
7 volume des histoire de malthe
alcidonis ou le journé lacedemonienne
la colonie
les 3 jumeaux
linconnu
le jugement de midas
il me semble que voila tout ce que tu ma demandé
pour cet fois
ton gillet et ta culotte sont commandé [illegible]
la piece destomac chaude que tu me demande [illegible]
aussi jai consulté un medecin qui dit que ces sortes
de piece ne sont pas bonne parce quelle [illegible] de
la poitrine trop delicate et que lon est tres
susceptible de senrhumer apres lon prend [illegible]

Brief der Marquise de Sade, mit Anmerkungen ihres Mannes

hat sich nicht verändert: es schlägt für Dich und wird Dich immer lieben. Die einzige Vergeltung, die ich vorhabe, wird sein, daß Du nach Deiner Befreiung, wenn Du alles kontrolliert und Dich bei allen informiert hast, bekennen mußt, wie überaus alles, was Dir während der Haft durch den Kopf ging, völlig Einbildung war.»

Um ihren Mann völlig zu beruhigen, gibt die Marquise sogar ihre Stadtwohnung auf und mietet sich bei den Stiftsdamen von Saint-Aure ein.

Die Eifersuchtsszenen des Marquis lassen sich zum Teil durch die gesteigerte Haftpsychose und das daraus herrührende krankhafte Mißtrauen gegen alles und jedes erklären; andererseits kannte der Marquis freilich auch das Leben und Treiben in seiner zeitgenössischen Gesellschaft zur Genüge, um zu bezweifeln, daß eine Marquise in den besten Jahren viereinhalb Jahre ohne Mann und Liebhaber zu leben vermochte. Schließlich war sie nun nachgerade auch die einzige, von der er wußte, daß sie ihn liebte, und er wollte sicher gehen, daß dies auch weiterhin geschah; auch er empfand für sie seit längerem wenn auch nicht Liebe, so doch eine gewisse, nicht einmal unerotische Anhänglichkeit. Es finden sich viele Andeutungen, aus denen man schließen darf, daß die liebende Marquise in den späteren Jahren des gemeinschaftlichen Lebens auch etwas abseitigen Wünschen ihres Mannes willig nachgab und sich dabei tröstete, daß es ja innerhalb der Ehe, also in keinem verbotenen Verhältnis geschehe. Aber auch zum geistigen Vermögen seiner Frau scheint de Sade zeitweise einiges Vertrauen gehabt zu haben, wie aus vielen seiner Briefe aus dem Gefängnis an sie hervorgeht. Sonst hätte er wohl nicht im November 1783 geschrieben:

... Sie sagen, meine Mentalität könne nicht toleriert werden. Was bedeutet mir das schon! Man müßte den dumm nennen, der sich auf Rücksicht auf andere von seiner Mentalität abbringen ließe. Meine Art des Denkens ist die Konsequenz meiner Meditationen, sie prägt meine innere Existenz, meine Bildung. Ich komme also gegen sie gar nicht an und würde es auch nicht wollen, selbst wenn ich es vermöchte. Mein System, das Sie mißbilligen, ist nämlich auch der stärkste Trost meines Lebens, die Quelle all meiner Freuden, es bedeutet mir mehr als mein Leben ... Der vernünftige Mensch, den die Vorurteile der Dummen mit Verachtung erfüllen, wird selbstverständlich zum Feind aller Einfaltspinsel – das ist gleichgültig und man muß es eben ertragen ... Wenn man mir also, wie Sie schreiben, nur dann die Freiheit nur unter der Bedingung zurückgeben will, daß ich meine Prinzipien und Interessen preisgebe, denn könnten wir uns ebensogut für immer Adieu sagen, denn lieber würde ich tausend Leben und Freiheiten opfern, als meine Prinzipien und Interessen preiszugeben. Sie sind von mir bis zum Fanatismus getrieben worden, dieser Fanatismus ist jedoch nichts als die Konsequenz der Verfolgungen durch meine Tyrannen. Je länger sie ihre Mißhandlungen fortsetzen, um so stärker werden die Wurzeln meiner Prinzipien in meinem Herzen, und so erkläre ich ohne Scheu, daß sich

Die Bastille. Zeitgenössischer Stich

jedes weitere Wort über diese Freiheit erübrigt, wenn der Preis dafür zugleich ihre Vernichtung gewährleisten soll.

Natürlich vermag Madame de Sade nicht die Ansichten ihres Mannes zu teilen; mehr als einmal schreibt sie ihm auch, daß die Öffentlichkeit dergleichen niemals dulden würde. Sie war ihrem Mann in allem ergeben und gehorsam, auch ihm selbst verzieh sie alle Fehler und Grausamkeiten – aber für sich blieb sie den moralischen Grundsätzen treu, die sie im Klosterinternat erlernt hatte, obwohl sich der Marquis darüber nur mokierte. Man darf sicher sein, daß sie ihre drei Kinder völlig im Sinne der offiziellen Moral erzog, soweit ihre herrische Mutter ihr dazu Zeit und Gelegenheit gab, denn die beiden

Söhne und die Tochter (von der man nur weiß, daß sie ein recht häßliches, plumpes Mädchen wurde) lebten meistens im Schloß der Madame de Montreuil. Am Jahresende 1783 darf Louis-Marie, der älteste Sohn, ausnahmsweise schreiben und mitteilen, daß er, nunmehr siebzehnjährig, ins Regiment Rohan-Soubise eintreten werde. Der Marquis schäumt, weil er nicht gefragt worden ist. Aber dessen bedurfte es nicht, weil er längst als entmündigt gilt, und so muß er sich ohnmächtig damit abfinden, als sein Sohn in der Folge als Leutnant in diesem Regiment angenommen wird. Im Januar des folgenden Jahres stirbt zu allem Unglück auch das aufopfernde Fräulein de Rousset, das die vergangenen zwei Jahre auf Bitten des Marquis in La Coste gewohnt hat, das ganz herrenlos und verlassen gewesen war. Das Schloß, für dessen Erhaltung und Reparaturen kein Geld aufzutreiben war, verfällt nun zusehends. Die meisten Fenster sind zersprungen, an zahlreichen Stellen regnet es durch das schadhafte Dach, die kostbaren Möbel und Tapeten sind von Schimmel überzogen.

Bald nach dieser Trauernachricht folgt noch eine böse Überraschung. Auf Befehl des Königs wird der ahnungslose Marquis am 29. Februar 1784 von Vincennes, das als Gefängnis überhaupt aufgelassen wird, nach Paris in die Bastille gebracht. Es vergehen Wochen, bis man ihm endlich seine Sachen aus Vincennes nachschickt, so daß er sich in seiner neuen Zelle im zweiten Stockwerk eines der vier Türme einrichten kann.

ÜBERFÜHRUNG IN DIE BASTILLE

Der Raum war achteckig, ungefähr fünf Meter breit und drei Meter hoch, das Fenster stark vergittert; ein Kamin konnte im Winter geheizt werden. Die Bastille als das königliche Stadtgefängnis hatte ihr eigenes Statut, es befanden sich in dem riesigen Komplex nie mehr als zwei bis drei Dutzend Personen von Stand, ausnahmslos Opfer der Lettres de cachet, und man gab sich mehr Mühe als in anderen Gefängnissen, sie wenigstens standesgemäß zu behandeln. So war es selbstverständlich erlaubt, die Gefängniszelle nach Belieben auszustatten, und de Sade ließ also bald seidene Wandbehänge anbringen und ein gutes Bett wie auch andere Möbel aufstellen. Auch die Ernährung war reichlich und die Speisen vorzüglich zubereitet. Allerdings hatte der Marquis dafür wie seine Schicksalsgenossen 2400 Livres jährlich, einen auch für heutige Begriffe erheblichen Betrag, als «Pensionskosten» zu zahlen.

Hier, mitten in Paris und doch hinter dicken Mauern, schrieb de Sade mehrere seiner Hauptwerke, so die erste *Justine,* den lange vernachlässigten, sehr wichtigen Briefroman *Aline et Valcour, La Philosophie dans le boudoir, Dialogue entre un prêtre et un moribond,* ein paar Dutzend verschieden langer Erzählungen, sowie das lange verloren geglaubte *Les 120 Journées de Sodome ou L'École du libertinage.*

Welche Hoffnungen setzte er noch in die Zukunft? Gnade oder gar Verständnis bei seinen Feinden erwartete er längst nicht mehr: die tonangebende Gesellschaft hatte ihn wie einen räudigen Hund ausgestoßen, seine nähere und weitere Verwandtschaft hoffte wenigstens Ehre und Wappen zu retten, wenn es gelang, ihn lebenslänglich hinter Gittern zu halten. Freunde hatte er nicht mehr, sein Anwalt gehorchte den Geheimanweisungen der Präsidentin, und seine eigene Frau hielt zwar treu zu ihm, war jedoch völlig machtlos. In seiner unendlichen Einsamkeit schrieb der Marquis rastlos weiter und füllte Band nach Band: so allein führte er eine aktive Existenz und gewann eine Freiheit, die nicht Ersatz für die verwehrte war, sondern dem Fatum abgetrotzt und wider jene Willkür ein Schutz, deren Opfer er andernfalls gewesen wäre. Die Riesenzahl der Werke bezeugt es: es war eine Lust, ein Rausch, ein Glück ...

Es gibt einen Bericht des Gouverneurs der Bastille, de Launay, an den aufsichtsführenden Polizeiminister de Crosne vom 7. Juli 1786, aus dem hervorgeht, wie sehr der Marquis auch nach dem Gefängniswechsel als Mensch und Charakter derselbe geblieben war:

«Ich hatte die Ehre, von Ihnen einen Brief, das Gesuch der Marquise de Sade betreffend, zu erhalten. Es stimmt, sie hatte in der ersten Zeit nach der Einlieferung ihres Gemahls ... Erlaubnis, ihn jede Woche einmal zu besuchen. Aber der Gefangene ist sehr unberechenbar und aufbrausend, er hat ihr ständig Szenen gemacht, ganz besonders an einem Tage, da er sich nicht der Vorschrift beugen

Aufzeichnung de Sades, die von der Bastille handelt

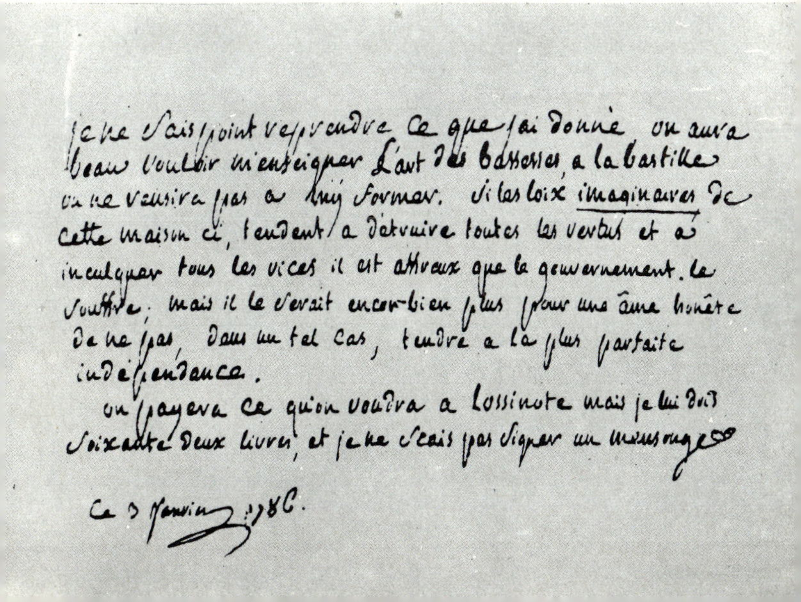
je ne sais point reprendre ce que j'ai donné on aura
beau vouloir m'enseigner l'art des bassesses, a la bastille
on ne reussira pas a m'y former. si les loix imaginaires de
cette maison ci, tendent a detruire toutes les vertus et a
inculquer tous les vices il est affreux que le gouvernement le
souffre; mais il le serait encor bien plus pour une âme honête
de ne pas, dans un tel cas, tendre a la plus parfaite
indépendance.
on payera ce qu'on voudra a lossinote mais je lui dois
soixante deux livres, et je ne sçais pas signer un mensonge
ce 3 janvier 1786.

wollte, daß laut gesprochen werden muß – er fuhr deswegen unbeherrscht Monsieur de Losme an. Bei der Briefzensur liegen haufenweise Briefe des Marquis voller Verleumdungen seiner Frau und seiner Familie, selbst über uns. Ohne den geringsten Grund beschimpfte er während des Spaziergangs die begleitenden Schildwachen. Da dieses scheußliche Benehmen sich immer mehr steigerte, hat Monsieur Le Noir [der Vorgänger von de Crosne. D. Verf.] es für angezeigt gehalten, ihm wenigstens für einige Zeit die Besuchserlaubnis zu entziehen. Ich glaube, damit erweist man seiner Gattin wie seiner Familie einen Dienst, wenn er künftig nur einmal monatlich Besuch empfangen darf. Wenn er diese Erlaubnis nicht mehr mißbraucht, kann man sie später wieder häufiger erteilen. Er ist schon viel ruhiger geworden, seit er niemand mehr sieht. Es ist Treue und Herzensgüte, die Madame de Sade veranlassen, um Besuchserlaubnis zu bitten, obwohl sie stets wahre Unwetter von Kränkungen und Vorwürfen über sich ergehen lassen mußte. In Wahrheit fürchtet sie fast um ihr Leben, falls man ihn eines Tages freiließe. Solche Feststellungen konnte ich wie auch die ganze Mannschaft treffen.»

Aber als dieser wahrhaft seltsame Mann etwa ein Jahr später ein Miniaturbild der Marquise im Schildpattrahmen erhält, ist er außer sich vor Freude über dieses *köstliche, himmlische Geschenk* und beschließt seinen überschwenglichen Dankesbrief mit den Worten: *Ich umarme Sie und würde Ihnen noch besser danken, wenn ich Sie wirklich in meine Arme nehmen könnte. Das Porträt, das Schildpatt, dies alles ist reizend, alles gefällt mir und macht mir unbeschreibliche Freude.*

Im Jahre 1787 darf ihn seine Frau wieder regelmäßig besuchen; er erhält die Erlaubnis, jeden Tag eine Stunde spazierenzugehen und bekommt als Diener einen Invaliden zugewiesen, der ihm für acht Louisdor monatlich wie ein richtiger valet de chambre aufwartet. Auf sein Verlangen hin darf ihn der beste Augenarzt von Paris behandeln: nicht zuletzt durch sein übermäßiges Arbeitspensum bei schlechtem Licht hat er sich eine recht lästige Hornhautentzündung zugezogen. Um besseres Licht zu haben, wird ihm gestattet, vom zweiten in den sechsten Stock des Gefängnisturms zu ziehen, den er wiederum nach eigenem Geschmack ausstattet. Auch neue, elegante Kleidung läßt er anfertigen, und das ist auch deshalb dringend nötig, weil er durch den langen Gefängnisaufenthalt und die Bewegungseinschränkung unförmig dick geworden ist.

Und dann kommt jenes Jahr, das in aller kommenden Geschichte wohl nie mehr vergessen werden kann, das Jahr 1789. Der Sommer rückt vor und ein Fieber erfaßt ganz Frankreich. Eine Tageseintragung im Dienstbuch der Bastille vom 2. Juli lautet: «Monsieur de Sade hat wiederholt aus seinem Fenster geschrien, die Gefangenen der Bastille würden erwürgt und man müsse sie schleunigst befreien.»

De Sade hat während seiner ganzen widerrechtlichen Inhaftierung – 148 Monate waren es im Juli 1789 – jede Gelegenheit zu Protest und Rebellion benutzt; er war der aufsässigste Gefangene des

Am Vorabend der Revolution: soziale Unruhen in Paris. Die Garde schießt auf Arbeiter, die sich in einer Fabrik verschanzt haben (18. April 1789). Stich von Pélicié nach Girardet

Königs, den man sich nur denken kann. Er hat bei Gelegenheit damit gedroht, jeden möglichen Versuch zu Selbstbefreiung und Flucht zu machen und nie freundlichen Umgang mit seinen Kerkermeistern, wie er die Gouverneure nannte, gepflogen. Nie akzeptierte er seine Lage und resignierte nicht angesichts der Willkür, sondern forderte sein unbedingtes Recht auf Freiheit. Längst empfand er keine Solidarität mehr mit dem Adel, der ihn so kaltherzig im Stich gelassen hatte, wohl auch nicht mehr mit einem Königtum, das einen Mann aus altem Hochadel wie ihn so unbedenklich dem Rachebedürfnis einer Frau des Robenadels opferte. Seit der Halsbandaffäre im Jahre 1785 befand sich Frankreich in zunehmender Gärung; de Sade war sicherlich über alle wichtigen Vorfälle unterrichtet. Die Unruhen in Paris erweckten in ihm die glühendsten Hoffnungen, denn sie waren der Ausdruck eines ungestümen Willens, das verrottete Ancien régime zu stürzen und einen Staat der Gerechtigkeit und Freiheit im Geiste Rousseaus herbeizuführen, wie auch eine Kirche zu entmachten, deren Moralgesetze nicht minder willkürlich und tyrannisch waren als die Justiz der Könige.

Man darf jedoch de Sade schon deshalb keinen Revolutionär nennen, weil es ihm einzig um seine eigene, persönliche Freiheit zu tun

war. Er war ein radikaler Individualist und hielt an der Verachtung des einfachen Volkes bis zu seinem Lebensende fest. Aber er hätte mit dem Satan und allen Ungeheuern der Hölle paktiert, um einen Staat zu zerschmettern, der ihn nach Laune und Willkür so viele Jahre würdelos im Kerker leben ließ, ihn, den Mann, der das Geheimnis aller geschlechtlichen Lust entdeckt hatte.

Im Bericht eines Wachoffiziers von damals heißt es: «Zu einer festgesetzten Zeit durfte der Marquis de Sade seinen Spaziergang machen. Die Unruhen in Paris, die täglich zunahmen, zwangen den Gouverneur, die Vorsichtsmaßnahmen zu verdoppeln und seine Kanonen laden zu lassen. Folglich mußte er sämtlichen Gefangenen den Spaziergang auf den Türmen verbieten lassen. Monsieur de Sade weigerte sich, diese Gründe anzuerkennen, tobte und drohte, laut zu schreien, wenn Lossinote ihm nicht das Ersuchen genehmigte, das er ihm an den Gouverneur mitgab. Aber Monsieur de Launay blieb bei seiner Weigerung. Da ergriff Monsieur de Sade ein langes Blechrohr, das in einem Trichter endigte, das er sich hatte anfertigen lassen, um das Wasser bequemer ausgießen zu können. Das benutzte er nun als Tonverstärker, indem er es durchs Fenster zur Rue Saint-Antoine schob. Er schrie, versammelte schnell eine ganze Volksmenge durch Beschimpfungen gegen den Gouverneur und bat alle Passanten um Hilfe, weil man ihn umbringen wolle. Nun schickte der Gouverneur in höchstem Zorn einen Kurier nach Versailles, ein Sonderbefehl wurde ausgefertigt und in der folgenden Nacht Monsieur de Sade nach Charenton geschafft.»

Die geflohene königliche Familie wird am 6. Oktober 1789 von Nationalgardisten und Frauen nach Paris zurückgebracht. Zeichnung eines englischen Augenzeugen. Paris. Bibliothèque Nationale

Zehn Tage später bricht der große Volksaufstand gerade hier aus, die Bastille wird schließlich gestürmt, demoliert und in Brand gesteckt, der Gouverneur de Launay findet dabei einen grausamen Tod. Das Volk von Paris jubelt über diesen Sieg, der 14. Juli 1789 gilt bis zum heutigen Tage als der Stichtag des Revolutionsbeginns und wird alljährlich festlich gefeiert. Daß auch der unselige Marquis de Sade dazu einiges beigetragen hat, indem er die allgemeine Aufmerksamkeit auf die Bastille als Zwingburg königlicher Tyrannei lenkte, kann gar nicht geleugnet werden und gehört somit zu den paradoxen Reaktionen der Geschichte. Aber derselbe Marquis sollte noch genügend Gelegenheit erhalten, ins Medusenantlitz der Geschichte, insbesondere der Revolutionen zu blicken.

EINE STETS BEDROHTE FREIHEIT

An einen alten Bekannten, den Advokaten Reinaud in Aix, schreibt er am 19. Mai 1790, also fast ein Jahr später: *... Die lieben Montreuils sahen acht Tage vor der Belagerung der Bastille die Verwirrung voraus, die das zur Folge haben würde. Sie befürchteten, daß ich am Tage der Erstürmung mit den anderen Häftlingen in die Freiheit zurückkehre und ließen mich deshalb nach Charenton schaffen. Dort, Monsieur, ließen mich diese Verbrecher, diese Schufte von Montreuils, die ich verachte wie Straßenstaub, noch einmal neun Monate unter Irrsinnigen und Epileptikern vegetieren – noch heute wundere ich mich, daß ich dies überlebt habe ... nach neun Monaten durften mich endlich meine Kinder besuchen (mit der Nachricht von der Ungültigkeitserklärung aller Billets de cachet); eins von ihnen hatte den Einfall, den Prior* (das Irrenhaus wurde damals vom religiösen Orden der Barmherzigen Brüder geleitet. D. Verf.) *zu fragen, mit welchem Recht und auf wessen Verlangen man mich dort zurückhalte.*

Erstürmung der Bastille am 14. Juli 1789

Dieser wagte erst gar nicht, den Befehl des Königs zu erwähnen, sondern berief sich auf die Familie... «Halt», sagte ich zu dem Hirten der Verrückten, «solche Familienwünsche bedeuten heutzutage noch weniger als ministerielle Anordnungen, an die ich mich kaum noch zu entsinnen vermag. Ich verlange, Monsieur, mir unverzüglich das Tor zu öffnen!» Der verwirrte Herr hatte nicht den Mut, sich zu weigern, die Gittertore öffneten sich, ich wünschte ihm einen guten Abend und entfernte mich. Hierauf paßt meiner Ansicht nach unsere Redensart: «Il n'y a si bonne compagnie, qui ne se quitte.» ... Die Abwicklung wichtiger Geschäfte und die Furcht, in der Provence an einem demokratischen Galgen zu hängen, werden mich bis zum nächsten Frühjahr hier festhalten... Valence, Montauban, Marseille sind Orte des Schreckens... Ach, es ist lange her, daß ich mir sagte, diese gute und sanfte Nation... warte nur auf die Gelegenheit, sich zu begeistern, um zu zeigen, daß sie, stets zwischen Grausamkeit und Fanatismus befindlich, sich ihres natürlichen Tons besinnt, sobald die Stunde dazu gekommen ist! Aber genug davon; man muß vorsichtig sein in seinen Briefen. Die Freiheit öffnet viel mehr Briefe, als der Despotismus früher.

An seinen alten Jugendfreund Gaufridy:

...meine Augenkrankheit hat mich fast meiner Sehkraft beraubt, ich bin herzleidend und der ständige Bewegungsmangel hat mich so über die Maßen fett gemacht, daß ich mich kaum rühren kann. Mein Empfindungsvermögen ist erloschen, nichts mehr gefällt mir und ich liebe auch nichts mehr. Die Welt, nach welcher ich mich irrsinnig sehnte, kommt mir öde und reizlos vor, freudlos vor allem. Manchmal überkommt mich die Anwandlung, zu den Trappisten zu gehen, ich möchte mich auch nicht dafür verbürgen, eines Tages zu verschwinden, ohne daß jemand weiß, wohin ich gegangen bin... Während meiner Gefangenschaft war ich ungemein fleißig, aber, stellen

Sie sich vor, mon cher avocat, ich hatte fünfzehn Manuskripte fertig, die man in Druck hätte geben können; als man mich aus dem Gefängnis entließ, waren mir davon bloß ein Viertel geblieben. Es hat Madame de Sade gefallen, die einen verlorengehen, die anderen stehlen zu lassen und das bedeutet dreizehn verlorene Jahre. Drei Viertel war in meiner Zelle in der Bastille zurückgeblieben, als ich am 4. Juli nach Charenton geschafft wurde. Nun wurde am 14. Juli die Bastille erstürmt und geplündert, wobei meine Handschriften, sechshundert Bände meiner Bibliothek, Möbel für zweitausend Livres wie kostbare Gegenstände und Porträts zerrissen, verbrannt, weggeschleppt oder fortgeworfen wurden, ohne daß sich etwas davon wiederfinden ließe – dies alles wegen der Unachtsamkeit von Madame. Sie hatte zehn Tage Zeit, mein Eigentum abzuholen ... warum beeilte sie sich nicht, die Sachen zu retten? Meine Manuskripte, meine Manuskripte – ich weine blutige Tränen. Betten, Tische und Kom-

Pariser Straßenbild, 1790

moden waren zu ersetzen, Gedanken sind es nicht. Nein, mon ami, ich bin außerstande, meine Verzweiflung über diesen Verlust zu schildern, das ist nie wiedergutzumachen. Seitdem will die feinfühlige Madame de Sade nichts mehr von mir wissen, ja sie will mich sogar ganz zugrunde richten, denn sie beantragt die Scheidung ...

So viele Jahrzehnte hatte die Marquise an der Seite ihres extremistischen Gatten treu, selbstlos und geduldig bis zum Äußersten ausgehalten – was bewog sie jetzt, da er endlich frei war, die Trennung herbeizuführen? Sie war müde, alterte, war vor allem in all den Jahren der unfreiwilligen Trennung wieder sehr fromm geworden, geplagt von unzähligen moralischen Gewissensbissen. Auch waren die Kinder herangewachsen, die es dem verderblichen Einfluß des Vaters zu entziehen galt. Die Denkungsweise, vor allem der radikale Atheismus des Marquis stießen sie weit stärker ab als früher. Ehefreuden waren nicht mehr zu erwarten, auch unterschied sich der unförmig dicke, asthmatische Mann äußerst nachteilig von dem jungen, schlanken Kavalier im lichterglänzenden Schloß La Coste. Aber hätte selbst all dies ausgereicht, die bis dahin unwandelbare Bindung der Marquise an ihren Mann zu lösen?

Es stellte sich nach der Befreiung des Marquis aus Charenton heraus, daß die Marquise sich auch weigerte, selbst die vielen Manuskripte herauszurücken, die er ihr bei ihren Besuchen in Vincennes und in der Bastille heimlich mitgegeben hatte, um sie sorgfältig aufzubewahren. Die Marquise erklärte, diese Manuskripte anderen Leuten anvertraut zu haben, die sie zum Teil verbrannt hatten, angeblich aus Furcht, diese Schriften könnten ihnen schaden, wenn sie bei den beliebten revolutionären Hausdurchsuchungen gefunden würden. Man kann sich unschwer vorstellen, welche Tobsuchtsanfälle diese Mitteilungen bei de Sade auslösten, zu welch schrecklichen Szenen es dabei gekommen sein mag. In der Tat war dies ein schwerer Vertrauensbruch der frömmelnden Marquise; als er ihr mit Skandal drohte, deutete sie indessen an, daß ein solcher für den Marquis weit bedenklicher sein werde, denn sie werde dann aussagen und sich rechtfertigen, wenn man sie dazu zwinge ...

De Sade mußte schließlich in einen geradezu ruinösen Trennungsvertrag einwilligen, der ihn in der Folge in endlose finanzielle Schwierigkeiten stürzte. Andererseits wird auf seinen Antrag die Zwangsverwaltung über seine Güter aufgehoben, und er kann dann und wann über sein Eigentum, auch über La Coste, verfügen. Übrigens tröstet sich de Sade schnell über die Trennung von seiner Frau. Da er, seitdem er ein freier Mann war, als «Citoyen Donatien Sade», sich wieder dem geliebten Theater zuwandte und vor allem in Theaterkreisen verkehrte, hatte er dort die hübsche Schauspielerin Marie-Constance Renelle kennengelernt. Madame ist eine Endzwanzigerin, hat ein Kind und war von ihrem Mann aus unbekannten Gründen schon vor Jahren verlassen worden; gelegentlich spielt sie noch in kleinen Nebenrollen und erhält eine kleine Rente von ihrem Mann. Sie wird von nun an bis zum Tode an seiner Seite bleiben. Unzweifelhaft hat sie es verstanden, mit diesem schwierigen, launenhaften, von Wahnvorstellungen heimgesuchten Mann umzugehen, und er hat bis zuletzt nur Liebenswürdiges und Dankbares über sie geäußert. Im Juni 1791 schreibt er an den Anwalt Reinaud:

Wenn Madame Quesnet (so lautet der Name ihres untreuen Mannes) sich an mich bindet, so werde ich ihr alle fünf Jahre eine kleine Rente aussetzen müssen, um sie zu verpflichten, mein Leben zu verlängern. Das ist freilich eine plumpe Art, sie für mein Alter zu interessieren, das sie dann nur aus Eigennutz hüten wird – aber ich mache mir keine Illusionen. Wie hätte ich allein leben können mit zwei oder drei Dienern, die mich ausgeplündert, ja, vielleicht sogar umgebracht hätten? War es nicht wichtig, zwischen diese Burschen und mich einen zuverlässigen Menschen zu stellen? Wie sollte ich mich anders gegen Betrüger schützen, die Abrechnungen meines Fleischers prüfen, da ich mich doch in meinem Arbeitsraum verschanze, inmitten der Werke von Molière, Destouches, Marivaux ... die ich lese, prüfe, bewundere und niemals erreichen werde? Brauche also nicht gerade ich einen Menschen, dem ich alles auf der Stelle vorlesen und auseinandersetzen kann? Meine Gefährtin eignet sich ideal dafür. Gott erhalte sie mir trotz der unglaublichen Versuche, mit welchen man sie mir ständig versucht abspenstig zu machen ... Es ist jetzt gerade ein Roman von mir in Druck, ein so überaus unmoralischer jedoch, daß ich nicht wage, ihn einem so tugendhaften und korrekten Mann wie Ihnen zu schicken. Aber ich brauchte Geld, mein Verleger wünschte ihn ordentlich gewürzt, den Gefallen habe ich ihm getan und zwar bis zu dem Maße, daß sich selbst der Teufel daran vergiften würde. Der Roman heißt Justine ou Les Malheurs de la vertu. Verbrennen Sie ihn lieber und lesen Sie ihn nicht, falls er zufällig in Ihre Hände gerät. Ich werde ihn übrigens verleugnen, bald jedoch werden Sie einen philosophischen Roman bekommen, den ich Ihnen umgehend zugehen lassen werde.

Niemand sollte das überlesen: *Mein Verleger wünschte ihn ordentlich gewürzt!*

Und de Sade gab wohl nicht nur aus Vergnügen nach, sondern weil er dringend Geld brauchte. In der Bastille war er völlig frei gewesen, nur das zu schreiben, was er für wichtig und notwendig hielt. Damit war es vorbei. Als Berufsschriftsteller, recht unbekannt dazu und auf Vorschüsse angewiesen, konnte er sich den Wünschen seines Verlegers nicht gut verschließen – daß ihm dies sehr schwer gefallen wäre, soll damit nicht behauptet werden. Obszön war der Roman freilich schon in der Fassung, die de Sade noch in der Bastille fertiggestellt hatte, jedoch noch ohne die breiten pornographischen Szenen, die jetzt dazu gesellt wurden und aus der vorangegangenen *Justine* bald die *Nouvelle Justine* machten, die mit der späteren *Histoire de Juliette* fortan als Doppelroman an der Spitze seines schwarzen Œuvres stehen sollte.

Es ist das Jahr 1791. Im Spätherbst wird sogar ein Theaterstück am Théâtre Molière aufgeführt und der Autor, der überaus dicke Citoyen Sade, vom Publikum mit Beifall bedacht. Dieses Stück ist betitelt: *Le Comte Oxtiern ou Les Effets du libertinage* und behandelt in drei pathetisch-effektvollen Prosa-Akten die schlimmen Kabalen eines schwedischen Wüstlings, der im Moment seines vermeintlichen Triumphs von dem edlen Liebhaber des entführten Mädchens im Duell getötet wird. Knapp ein Jahr später wird de Sades Einakter *Le Suborneur* im Théâtre Italien gegeben; eine Störgruppe von Jakobinern in phrygischen Mützen machte aber soviel Lärm, daß die Schauspieler kaum zu verstehen waren.

Sade hat inzwischen durch Gaufridy einige Möbel und andere Einrichtungsgegenstände sowie etliche Kisten mit Büchern aus dem hoffnungslos verfallenden La Coste zugeschickt erhalten. Im Stadtteil La Sulpice war es ihm gelungen, einen größeren Pavillon mit mehreren Räumen zu mieten, den er nun einrichten konnte. Mit einigem Stolz (und unklug wie immer) schreibt er Gaufridy, daß er, der nahezu nackt und elend aus Charenton gekommen war, nunmehr über acht komplette Anzüge verfüge, über gute Wäsche und eine gute Küche mit genügend Wein im Keller. Alle Türen stünden ihm offen, in allen Theatern gehe er ein und aus, genieße literarisches Ansehen und sein Leben sei erhellt durch die treue Fürsorge einer unermüdlichen Freundin.

Madame Quesnet, die er bald nur noch «La Sensible» nennt, war ihm bereits völlig unentbehrlich geworden. Da er sich als alter, pflegebedürftiger Herr fühlte, hütete er sich, wie aus manchem hervorgeht, ihr Szenen zu machen oder sie durch Unliebenswürdigkeiten zu kränken. Sie war ja seine freiwillige Gefährtin und nicht seine gesetzlich gebundene Ehefrau, sie hätte ihn jederzeit verlassen können, und darauf wollte er es erst gar nicht ankommen lassen. Außerdem genieße er jetzt, wie er versicherte, den Frieden der Sinne, die stoische Philosophie liefere ihm alle Tröstungen, deren er bedürfe; die *unlauteren Freuden* von einst flößten ihm nur noch Abscheu ein, sein altes Temperament sei dahin und seine *physischen Kräfte* kaum noch vorhanden.

Der Sexualtrieb im Marquis war trotzdem nicht erloschen: das zeigen die neuen Bücher in den kommenden Jahren, vor allem der riesige Doppelroman von *Justine* und *Juliette*. Indessen: der Marquis empfand längst eine weitaus tiefere Lust beim Erfinden und Schreiben, er war inzwischen tatsächlich und mit voller Hingabe ein echter Schriftsteller geworden.

Derselbe Mann, der anfangs mit der Revolution sympathisierte und bald auch praktisch in einer Pariser Sektion mitarbeiten wird, hat sie allerdings auch schon früh durchschaut und sich dann skeptisch, ja

Buchdruckerei. Holzschnitt, Ende des 18. Jahrhunderts

zunehmend sarkastisch über ihre Ideale geäußert. Er verachtete heimlich die Volksmassen, fühlte sich weiterhin als Aristokrat und möchte am liebsten seine Schlösser wie seine Privilegien behalten. Über seine Gesinnung schreibt er Ende des Jahres 1791 an Gaufridy:

Sie ist auf seiten keiner Partei, sondern setzt sich aus allen zusammen. Ich bin gegen die Jakobiner, ich hasse sie auf den Tod, verehre den König, verabscheue jedoch den früheren Mißbrauch der Macht. Ich liebe viele Artikel der Verfassung, andere empören mich; ich möchte, daß man dem Adel seine Bedeutung zurückgibt, denn es hat keine Besserung gebracht, daß man sie ihm nahm; ich möchte, daß der König das Oberhaupt der Nation sei; ich möchte auch keine Nationalversammlung, sondern lieber zwei Häuser wie in England, dies zähmt die Autorität der Könige, die durch die Notwendigkeit einer in zwei Stände dargestellten Nation ersetzt wird – der dritte (de Sade meint hier nicht das Bürgertum, sondern den Klerus. D. Verf.) *ist überflüssig, ich will nichts von ihm wissen. Das ist mein Urteil. Was bin ich also? Aristokrat oder Demokrat? Sagen Sie es mir doch, bitte, denn ich weiß es selbst nicht.*

Triumph des Volksfreundes Marat. Gouache von Lefèvre. Paris, Musée Carnavalet

Auch von der égalité scheint also de Sade nicht sonderlich viel zu halten; hingegen ist er von den Vorzügen des englischen Parlamentarismus so überzeugt wie die meisten intellektuellen Franzosen vor 1789 – meist durch die berühmten Berichte Voltaires und Rousseaus. Selbstverständlich hütet er sich, solche Ansichten öffentlich zu äußern; da heult er lieber mit den Wölfen, wenn es erwartet wird – ausdrücklich erwähnt er einmal seine notgedrungen *bewegliche* Gesinnung. Denn nach dem vergeblichen Fluchtversuch der königlichen Familie im Juni 1791 wird die öffentliche Meinung zusehends radikaler, die Jakobiner führen das große Wort, und die gemäßigten Girondisten geraten von Mal zu Mal mehr ins Hintertreffen. De Sade, der sich schon vorher in dem für ihn zuständigen revolutionären Gemeindeamt, der «Section des Piques» (auch «de la Vendôme» genannt), nützlich zu machen versucht hat, wird am 3. September 1792 Sekretär der Sektion: ein einflußreiches und zugleich auch für den persönlichen Schutz recht vorteilhaftes Amt. Zugleich muß er öfters Wachdienst verrichten als Angehöriger des 4. Bataillons der 5. Legion der Nationalgarde. Die Guillotine beginnt immer bedrohlicher zu arbeiten, Danton und Marat wiegeln das Volk Tag für Tag wider die Königsfamilie, den Adel und die eidverweigernde Geistlichkeit auf. In der Provinz herrschen geradezu chaotische Zustände, Plünderungen und Brandschatzungen nehmen überhand. So wird in den späten Septembertagen des Jahres 1792 von einem Rudel fremden Gesindels das Schloß La Coste nicht nur ratzekahl geplündert, sondern auch wüst und sinnlos demoliert, Möbel aus den Fenstern geworfen und alles nicht Verwertbare kurz und klein geschlagen, der Rest in Brand gesteckt. Was übrig bleibt ist die Ruine, wie man sie efeuüberwachsen noch heute sehen kann. Was nach dieser Verwüstung an anderen Besitztümern noch übriggeblieben war, wurde von der Départementsverwaltung als Aristokratengut beschlagnahmt. Trotzdem fühlte sich de Sade sogar etwas geehrt, als er bald darauf von seiner Sektion zum Richter und kurz darauf sogar zum Gerichtsvorsitzenden ernannt wird. Schon vorher hat er sehr nützliche Arbeit zur Verbesserung der Zustände in den öffentlichen Krankenhäusern geleistet und Mittel für bessere Einrichtungen gefordert; das hatte immerhin die Folge, daß mehr als tausend neue Betten aufgestellt werden konnten und die Kranken nicht mehr zu dreien in einem Bett liegen mußten. Auch mehrere seiner Vorträge werden auf Beschluß der Sektion gedruckt und im Lande verteilt, so etwa ein längerer über die *Idée sur le mode de la sanction des lois* und etwas später ein pathetischer Nachruf auf den ermordeten Marat.

Eines Tages erhält er in seiner Eigenschaft als Gerichtsvorsitzender eine Anklage gegen Madame de Montreuil und ihren Mann; es hätte ihn nur einen Wink gekostet, in weniger als einer halben Stunde das Todesurteil zu verkünden, das damals gegen angeklagte «Feinde der Republik» nur noch eine Formalität war; aber er verschleppte die Akte so lange wie möglich, indem er sie immer zuunterst legte, und verschaffte so der Frau, die er haßte wie sonst niemand in der Welt, weil es hauptsächlich ihr Werk war, daß er 17 Jahre hinter Kerkermauern verbringen mußte, genügend Frist für die Flucht aus Paris und Frankreich. Das ist fraglos ein Akt größten Edelmuts; mitentscheidend dafür war vielleicht auch, daß de Sade sich zu diesem Zeitpunkt bereits keinerlei Illusionen mehr über die neuen Zustände machte und das grausame alltägliche Blutvergießen zutiefst verabscheute – sein «Sadismus» war eben von anderer Art.

Was de Sade zu dieser Zeit mit finsterem Interesse beobachtete und hellsichtig durchschaute, war das johlende Vergnügen der Menschenmassen um die Guillotine, die tausendfältigen Schreie der Freude, wenn wieder ein blutendes Haupt in die Höhe gehoben und dem Volk gezeigt wurde, und die lustvolle Spannung, sobald ein neues Opfer die Holztreppe erstieg oder hinaufgestoßen wurde, die zynischen Witze der Henker, wenn sie den schon festgeschnallten Frauen die Röcke hochhoben, das dichte Gedränge um die kopflosen Leichname. Diese Greuel und noch schlimmere findet man kaum in einer der unzähligen Geschichtsdarstellungen des Verlaufs der Revolution bis zum Ende der Schreckensherrschaft, denn es würde das allgemeine, ungemein ideale Bild stören, in dem man diese Epoche zu sehen gewohnt ist oder jedenfalls sehen möchte.

Hier (wie auch in den oft noch schlimmereren Greueln in der Provinz, wo sich nicht wenige bevollmächtigte Revolutionskommissare als völlig hemmungslose Sadisten aufführten) konnte also der nunmehrige Citoyen Sade den Massensadismus studieren, jene schauerliche Lust an Blut und Mord, die damals, allzu lange gedämmt und gestaut, wie ein entfesselter Naturtrieb hervorbrach. In der *Nouvelle Justine* heißt es dazu: *Die Porcias und Cornelias weinten über die Tragödien des Sophokles und waren nichtsdestoweniger eifrig zur Stelle, ihre Plätze im römischen Zirkus einzunehmen, um sich an der Hinschlachtung der Christen zu erfreuen. Nero konnte als Ödipus eine bemerkenswerte Leistung bieten und bald darauf großen Genuß empfinden, wenn der zarte Busen der heiligen Cäcilie oder das wohlgeformte Hinterteil der heiligen Agathe zerfleischt wurden. Solche Schauspiele, die einst durchaus eines großen Volkes würdig waren, finden wir heute widerlich, weil unsere Sinne nicht mehr daran gewöhnt sind; würde man jedoch nicht bald Tragödien langweilig finden und sich gegenseitig zu Tode trampeln, um noch Platz zu finden bei derartigen Zirkusprogrammen? ... Es wäre doch überaus unverständlich, solche Schaustellungen bedenklich zu finden, wo doch so viele andere versteckte Grausamkeiten gestattet werden. Und, wer weiß, vielleicht könnten wir, indem wir solche menschlichen Grausamkeiten als Schauspiel erlauben, damit zugleich den Anreiz für viel schlimmere Verbrechen auslöschen?*

Das ist der Hinweis auf einen der tiefsten Gedanken de Sades, zugleich eine sehr originelle Interpretation einer antiken Institution, die wir wegen ihrer abstoßenden Grausamkeit heute nicht mehr begreifen können, völlig im Stich gelassen dabei auch von den Geschichtsschreibern.

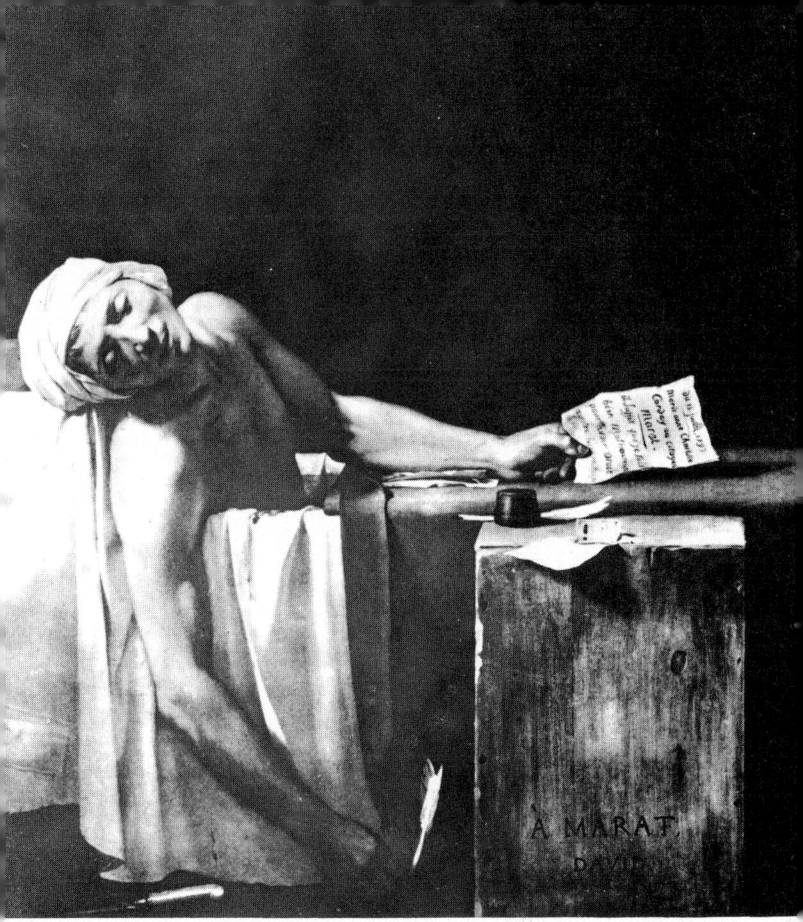

Marats Tod. Gemälde von Jean Louis David. Brüssel, Musée Moderne

WIE MAN VOR DER GUILLOTINE GERETTET WIRD

Wegen seiner milden Haltung in den Schnellverfahren gegen die meist unschuldigen Angeklagten muß sich de Sade etlichemal rechtfertigen und schließlich seinen Vorsitz an einen tüchtigeren Blutrichter abgeben. Seitdem gilt er nicht mehr als zuverlässig und merkt dies auch an vielen kleinen Zeichen. Unter der lächerlichen Anklage, Dienst in der königlichen Garde gesucht zu haben, wird der Citoyen Sade dann plötzlich am 8. Dezember 1793, knapp vor Mitternacht, in Gegenwart von Madame Quesnet in seiner kleinen Wohnung in der Rue Neuve-des-Mathurins verhaftet. Es handelte sich bei der Anklage um die Garde constitutionelle, die zwei Jahre vorher von der Ge-

Hinrichtung Ludwigs XVI. am 21. Januar 1793 in Paris

setzgebenden Versammlung an Stelle der Schweizergarde für den König bewilligt worden war. Längst weiß man, daß dies nur ein vorgeschobener, für den Zweck willkommener Grund war, sich de Sades als des Exponenten einer lautstarken atheistischen Gruppe zu entledigen, die den wachsenden Ärger Robespierres erregte.

De Sade wurde zuerst in das Gefängnis Madelonettes gebracht, ein früheres Kloster zur Besserung gefallener Mädchen. Er schrieb einen flehentlichen Brief an die Kameraden der Section des Piques. *Ist es möglich, daß die Nation, die meine Ketten zerriß, sie mir nun kaum drei Jahre später von neuem umlegen will?* heißt es darin. Aber die Sektionsmitglieder hüteten sich, ein Wort für den Angeklagten einzulegen. Der Terror der Jakobiner erstickte zusehends den revolutionären Bürgermut, niemand fühlte sich mehr sicher und eine lähmende Stimmung von Angst und Mißtrauen breitete sich aus. Vom Morgengrauen bis zum Einbruch der Nacht fuhren die Karren der im Schnellgerichtsverfahren verurteilten Delinquenten durch die Stadt.

Am 13. Januar 1794 wurde de Sade ins Haus der Karmeliter überführt (später ein Frauengefängnis, wo im Ersten Weltkrieg auch die der Spionage verdächtige Mata Hari eingesperrt war), aber bald wegen Überfüllung nach Saint-Lazare gebracht. Zu seinem Glück erreichte er es, wegen Krankheit in ein Privatkrankenhaus überstellt zu werden, das vom geschäftstüchtigen Citoyen Coignart betrieben wurde. Es gab in dieser ebenso unheimlichen wie merkwürdigen Zeit mehrere solcher Privatsanatorien für kranke und entkräftete Häftlinge in Paris: die Unternehmer oder Pächter mußten große Bestechungssummen an hohe Funktionäre entrichten und verlangten infolgedessen von ihren Insassen auch sehr hohe Pensionssätze; dafür durften diese sich im allgemeinen sicher fühlen, so lange sie in diesen Sanatorien ihre angeblichen Krankheiten kurierten. Woher de Sade diese Gelder nahm, ist unbekannt; wahrscheinlich wird ihm aber «La Sensible» dabei behilflich gewesen sein, wie so oft vorher und später. Als am 27. Juli drei Dutzend Angeklagte aus Saint-Lazare zur Schnellverhandlung abgeholt werden und am nächsten Tag (nach einer Nacht im «Asyl der Todeskandidaten», der Conciergerie) zur Guillotine gefahren werden, ist der aus der Liste aufgerufene Citoyen Sade unauffindbar. Die Guillotine arbeitete in diesen Tagen ganz in der Nähe von Picpus und die Opfer wurden in einer Massengrube im Garten der Maison Coignart vor den Augen der begreiflicherweise wenig erbauten Patienten verscharrt, die ihr Leben ihrem Geld und der öffentlichen Korruption verdankten. Nur einen Tag später, am 28. Juli, wurden Robespierre, Saint-Just und zwanzig andere Anhänger Robespierres unter dem frenetischen Jubel der Bevölkerung hingerichtet; damit war der Terror gebrochen. Paris atmete auf und jener Umschwung setzte ein, der schließlich Napoleon zum Heros der Nation werden ließ.

Jetzt plötzlich ist die Section des Piques einstimmig bereit, den Citoyen Sade auf dessen neuerliche Bitte als guten und verläßlichen Patrioten zu rehabilitieren. Wegen des allgemeinen Durcheinanders

Maximilien de Robespierre

nach dem Sturz der Extremisten vergehen aber noch Monate. Erst am 15. Oktober wird de Sade endlich durch eine Ordre des Sicherheits- und Überwachungsausschusses des Nationalkonvents in Freiheit gesetzt. Man kann den Mann einigermaßen verstehen, der nun nach 312 Tagen Gefangenschaft schrieb: *Meine nationale Gefangenschaft mit der Guillotine vor Augen hat mir hundertmal mehr Böses zugefügt als alle Bastillen!*

Die Revolution hatte de Sade 1789 befreit, wie sie alle damals zunächst befreite, die unter dem Ancien régime ohne Urteil eingesperrt worden waren. Aber die Freiheit, welche diese Revolution neben Gleichheit und Brüderlichkeit als Volksideale verkündete, war nicht eben die Freiheit de Sades, nicht die Befreiung von der moralischen Tyrannei naturwidriger Vorurteile. Überdies hatten die neuen Machthaber in Frankreich unvergleichlich mehr Blut vergossen, als die Könige seit Jahrhunderten. Auch war die neue Freiheit völlig ungeschützt, es genügte, Mißliebige als Feinde der Freiheit zu denunzieren, um sie nach kurzer Scheinverhandlung der Guillotine zu überantworten. Trotzdem hatte de Sade zweifellos am Anfang große Hoffnungen auf die republikanische Umwälzung gesetzt. Trotz der bitteren Erfahrungen in den Gefängnissen der Schreckensherrschaft schöpfte er auch diesmal zunächst neuen Mut nach dem Sturz der Jakobinerherrschaft. Vielleicht kehrte endlich jetzt etwas Vernunft in der Republik ein, vielleicht hatte es jetzt endlich Zweck, Vorschläge für eine neue Gesetzgebung und die Rationalisierung der Staatsinstitutionen zu publizieren. Einer solchen Überlegung verdankt die besonders berühmt gewordene Schrift *Français, encore un effort, si vous voulez être Républicains* ihren Ursprung (verdeutscht unter dem Titel *Im Namen der Republik*, Wiesbaden 1961), im Jahre 1795 geschrieben und später, da sie offenbar kein amtliches Interesse gefunden hatte, in de Sades *La Philosophie dans le boudoir* veröffentlicht. Darin erklärt er eingangs:

Ich gebe zu, daß man nicht so viele Gesetze machen kann, wie es Menschen gibt; aber die Gesetze können sanft sein und ihre Zahl beschränkt, so daß alle Menschen, welchen Charakters auch immer, sich mühelos nach ihnen richten können. Außerdem würde ich fordern, die Beschaffenheit dieser Gesetze möge der Art sein, daß sie den verschiedenen Charakteren entsprechen. Der Geist der neuen Gesetze sollte mehr oder weniger besagen, was hinsichtlich der Individuen erreicht werden müßte. Es steht fest, daß es Tugenden gibt, die manche Menschen nicht erfüllen können, genauso wie es Heilmittel gibt, die nicht jedem Temperament angemessen sind. Wäre es nicht überhaupt der Gipfel der Ungerechtigkeit, das Gesetz wider diejenigen zu richten, für die es unmöglich ist, ihm zu folgen?

Der Marquis erklärt sich dann unbedingt gegen die Todesstrafe und teilt die Verbrechen, über die es in einer gerechten Republik gerecht zu befinden gilt, in vier Kategorien ein: Verleumdung, Diebstahl, Unzucht und Mord. Er fragt: ob diese Handlungen, die im Königreich großenteils mit der Todesstrafe bedroht waren, auch in einem republikanischen Staate so streng beurteilt werden dürfen. Was besonders die sogenannte Unzucht betrifft, sollten wir nur auf die

Ende eines Briefes des Marquis vom 1. November 1794, nach seiner Entlassung aus der Haft

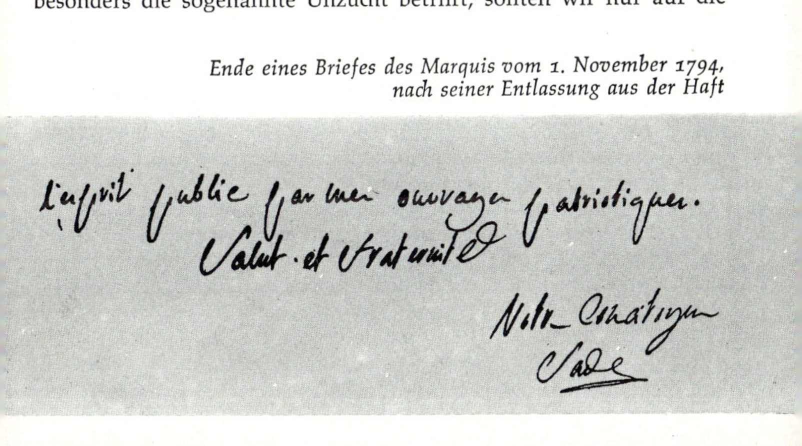
l'esprit public par mes ouvrages patriotiques.
Salut et fraternité
Votre concitoyen
Sade

Stimme der Natur hören, da *das eigentliche Verbrechen darin besteht, den Neigungen, die die Natur uns eingibt, zu widerstehen und sie zu bekämpfen.* Er fährt dann fort:

Wir müssen uns bemühen, es den Bürgern zu ermöglichen, sich völlig sicher den Gegenständen ihres Begehrens hinzugeben. Nie sollte einer dabei gehemmt werden, denn keine andere Leidenschaft im Menschen ist so wie diese auf die uneingeschränkte Freiheit angewiesen. Gesunde, sauber eingerichtete und große Gebäude und zwar völlig gesicherte müßten in den Städten eingerichtet werden. Alle Geschlechter aller Altersstufen werden dann dort für die Wollust angeboten, fähig, jeder Neigung zu genügen. Für die Insassen dieser Häuser gilt das Prinzip unbedingter Unterwerfung ... Ich muß noch erklären, weshalb diese Unterordnung nicht den republikanischen Grundsätzen widerspricht ... Wenn, wie gesagt, gerade diese Leidenschaft auf uneingeschränkte Freiheit angewiesen ist, so ist andererseits auch keine so despotisch wie eben diese ... Das rührt daher, daß der Mensch es liebt, zu gebieten, Gehorsam zu fordern und um sich Sklaven zu haben, die ihn befriedigen müssen. Nur wenn ihr dem Bürger nicht die heimliche Möglichkeit gewährt, die Portion Tyrannei, welche ihm die Natur mitgegeben hat, auszuleben, wird er wieder versucht sein, sich gegen Objekte seiner Umwelt zu richten und folglich das Staatsgefüge zu bedrohen. Wenn ihr jedoch diese Gefahr vermeiden wollt, dann gebt diesen herrschsüchtigen Trieben, die stärker sind als sein Wille, freie Bahn ...

De Sade ist nicht der einzige, der damals Vorschläge für Sexualreformen ausarbeitete. Der Regierung war vor allem an praktischen Vorschlägen gelegen, wie man der Unzahl von Prostituierten Herr werden und der moralischen Verwilderung in ganz Frankreich, vor allem selbstverständlich in Paris, steuern könnte. Auch de Sades gehässiger Feind Restif de la Bretonne, ein einzigartiger Kenner der damaligen Pariser Prostitution, legte zu dieser Zeit, 1795, der Regierung einen umfangreichen Plan für die staatliche Institutionierung der käuflichen Liebe vor, der dann ebenfalls unbeachtet blieb wie Tausende von Projekten in dieser Übergangszeit zu halbwegs geordneten Zuständen. Die freimütige Darstellung sexueller Ausschweifungen hat ja in der französischen Literatur immer eine Rolle gespielt: wer außer Restif noch die älteren Brantôme und Laclos kennt, wird vieles bei de Sade längst nicht so neu und schockierend finden, wie man es andernfalls wohl wähnt.

Nun ist ja in dem erwähnten Pamphlet de Sades das Sexuelle nur ein Teil einer neuen Gesetzgebung für alle möglichen Delikte; trotzdem wird sich wohl kaum einer der Vermutung entziehen können, alles andere diene hier mehr oder minder nur der Camouflage seines Hauptgedankens. Wie er auf Umwegen und mit vielen Abschwei-

Sades Schlösser und Gefängnisse. Oben: La Coste. Links: Vincennes. Rechts: die Bastille. Illustration von Gervil für Band I der Gesammelten Werke

Restif de la Bretonne

fungen stets wieder seiner idée fixe zusteuert, zeigt besonders eindringlich die Monomanie dieses merkwürdigen Schriftstellers, der nie zwischen Wahn und Wirklichkeit zu unterscheiden vermochte.

Der Winter 1794/95 bringt zu allem materiellen Elend noch ungewöhnliche Kälte. Holz ist unerschwinglich, selbst die Tinte gefriert über Nacht. Zwar gelingt es in diesem Jahre Gaufridy, das kleine Gut Grand-Bastide de Saumane unter Preis zu verkaufen und de Sade konnte sich einige Wochen mit Madame «La Sensible» aufs Land zurückziehen, um das Manuskript für den umfangreichen Roman *Aline et Valcour* druckfertig zu machen, der dann Ende August endlich erscheint. Im Oktober 1796 verkauft er das Familienstammgut La Coste mit allem beweglichen und unbeweglichen Eigentum an den einflußreichen Deputierten Rovère. Aus diesen Transaktionen fällt indessen nur wenig für ihn selber ab, weil die geschiedene Marquise im Interesse ihrer Kinder alles Erdenkliche tut, um möglichst viel von den Verkaufserlösen, mit Berufung auf den vom Marquis anerkannten Scheidungsvertrag, für ihre Schatulle abzuzweigen. Sie scheint

Illustration von Binet zu einem Roman von Restif de la Bretonne

In der Folterkammer. Illustration zu «Aline et Valcour»

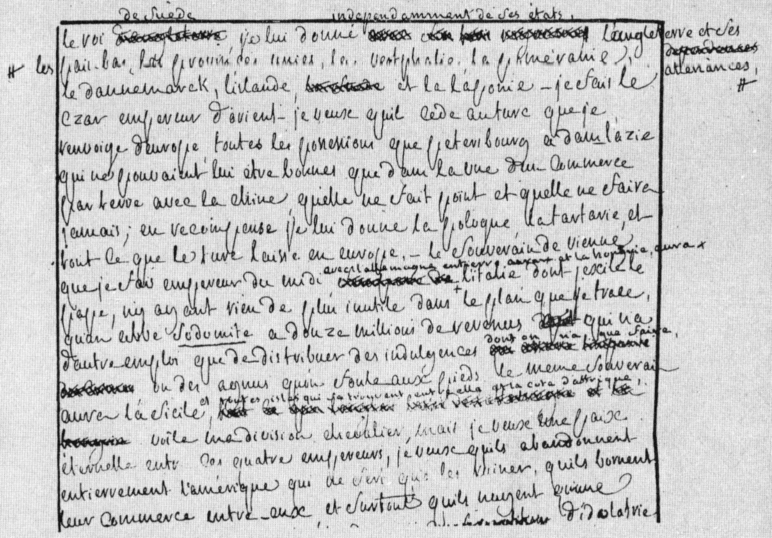

Aus dem Entwurf des später veränderten Romans «Aline et Valcour»

dazu, ähnlich wie früher ihre Mutter, auch den Notar Gaufridy gewonnen zu haben, der also seinem Freund und Klienten oft falsche Darstellungen gibt. Eine Untersuchung wird später noch dazu ergeben, daß bei diesem Vermögensverwalter eine geradezu chaotische Buchführung herrschte. Allerdings muß man ihm auch wieder zugute halten, daß de Sade krankhaft mißtrauisch war und selbst dann auf die heftigste und ausfallendste Art Geld forderte, wenn er wissen mußte, dies sei zur Zeit unmöglich. Geld, Geld, Geld, schicken Sie um Himmels willen sofort Geld – das war fast immer die Schlußformel seiner Briefe.

Eine längere Reise de Sades mit Madame Quesnet im Frühsommer 1797 in die Provence führt zu keiner Besserung der Verhältnisse. Da einer der Söhne des Marquis zu Beginn der Schreckenszeit emigriert war, geriet auch de Sades Name auf die gefürchtete Emigrantenliste. Er muß befürchten, daß alle seine restlichen Besitztümer sequestiert werden, obwohl er Hunderte von Belegen beibringt, aus denen hervorgeht, daß er niemals Frankreich verlassen habe. Das Durcheinander bei den Behörden und bürokratische Schikanen stellen sich dem Gesuch, von der Emigrantenliste gestrichen zu werden, immer wieder entgegen. Bis zur Klärung des Falles – die übrigens bis zu seinem Tode auf sich warten ließ – wird de Sade im Sommer 1798 vorläufig unter Polizeiaufsicht gestellt.

In diesem Jahre erscheint das große Doppelwerk *La Nouvelle Justine ou Les Malheurs de la vertu, suivie de l'histoire de Juliette, sa sœur.* Es ist in der Folge dieses Werk, das hauptsächlich seinen Ruhm und seine vielzitierte Verruchtheit ausmacht, das ihm den dauerhaften Haß der bürgerlichen Gesellschaft einbringt und Verfolgung bis in unsere Zeit. Nun ist die *Nouvelle Justine* bis zur äußersten Grenze mit sexuellen Schilderungen gefüllt, wie sie in den vorangegangenen Fassungen nicht annähernd so zahlreich waren; zu diesem Debakel der Tugend, worin die Heldin trotz ihres reinen Herzens und ihres tugendhaften Charakters fortwährend vergewaltigt und das Opfer wüster Ausschweifungen wird, gesellt sich nun, als dialektisches Widerspiel, ihre Schwester Juliette in einem zweiten Roman – *Histoire de Juliette,* für die Verbrechen und Wollust synonym sind. Sicherlich hatte auch der neue, genau wie der alte (inzwischen guillotinierte) Verleger darauf gedrängt, ihn *gut gepfeffert* zu haben, *und das habe ich ihm geliefert und zwar so, daß er den Teufel damit vergiften könnte.*

Man muß dazu bedenken, daß de Sade mit seinen 55 Jahren zwar noch kein alter, aber sexuell in seinem Privatleben nahezu gleichgültiger, abgeklärter Mann geworden war; selbst «La Sensible» bedeutet ihm keine erotische Leidenschaft, manche Autoren bezweifeln sogar, ob die beiden je wie Mann und Frau zusammen lebten. Unförmig dick und asthmatisch schnaufend, wie er von seiner Entlassung bis ans Lebensende blieb, entbehrte er längst auch jeden Reizes für ein weibliches Wesen. Sonst hätte er nämlich in den Jahren bis zum Staatsstreich Napoleons in Paris völlig ungehemmt allen Perversitäten frönen können: Die Zahl der Dirnen hatte sich seit der Revolution mehr als verdoppelt; was sich im Palais-Royal, auf den Champs-Élysées und dem Boulevard du Temple zutrug, hatte Europa bis dahin nicht gesehen; Scharen von Mädchen und Jungen vom 7. bis zum 14. Lebensjahr boten sich feil! Zum großen Teil war dies die Folge des wirtschaftlichen Elends, denn in Paris herrschte oft genug Hungersnot, selbst die dürftigsten Lebensmittel waren meist unerschwinglich. Die revolutionäre Polizei kümmerte sich dazu überhaupt nicht mehr um die Prostitution. Hätte also der Marquis das Leben eines Wüstlings leben wollen, dann hätte es jetzt kaum Hemmungen und Gefahren gegeben. Das war indessen nicht der Fall, der jetzige Citoyen Sade hatte keine praktischen Bedürfnisse mehr. Aber er sah ohne weiteres ein, daß Romane in dieser Zeit ungewöhnlich gepfeffert sein mußten, wenn sie Käufer finden sollten. Und so stopfte er besonders in *Histoire de Juliette* ein Material, das für ein halbes Dutzend Romane gereicht hätte.

Die Einkünfte aus diesem Doppelwerk gingen für dringende Wechsel und Schuldscheine drauf; außerdem hatte de Sade sich auf einige fragwürdige Grundstückskäufe eingelassen, um etwas Ersatz für seine bereits weit unter Preis veräußerten Güter zu schaffen. Jedenfalls änderte sich an seiner trostlosen Finanzlage so gut wie gar nichts. Alle Versuche, mit einem neuen Theaterstück zu reüssieren, scheiterten – entweder, weil der Autor nicht mehr den Geschmack einer neuen Zeit traf, oder weil es ihm an den für Paris so wichtigen Verbin-

Paris: Boulevard Italien, 1797

dungen fehlte. Im Winter 1798/99 wurde der Aufenthalt in Paris für de Sade unerschwinglich. Er wich in das billigere Versailles aus. *Hier hause ich mit dem Sohn meiner Freundin in einem Raum mit Steinfußboden. Zu essen gibt es nichts als Rüben und Bohnen, und zum Heizen Reisig, falls man uns soviel Kredit gibt. Unsere Misere ist so schrecklich, daß Madame Quesnet von ihren Freunden Essen mitbringen muß, wenn sie uns besucht.*

Am 13. Februar 1799 schreibt er an den saumseligen Gaufridy:

... ich verdiene als Gehilfe beim Versailler Theater 40 Sous täglich und ernähre damit noch das Kind. Das ist kümmerlich im Vergleich zu den Plagen, Nöten und Auslagen der Mutter, die in diesem schrecklichen Wetter jeden Tag unterwegs ist, um die Gläubiger um Aufschub zu bitten. Diese Frau ist wirklich ein Engel, vom Himmel gesandt, damit ich nicht ganz unter den Gemeinheiten meiner Feinde zugrunde gehe.

Anfang Dezember 1799 wird im Versailler Théâtre de la Société dramatique noch einmal sein Schauspiel *Oxtiern* aufgeführt – er darf vorübergehend sogar als Darsteller eine Rolle spielen. Aber zu Beginn des Jahres 1800 ist Madame Quesnet genötigt, selber Arbeit in Paris zu suchen und der Marquis, bar aller Hilfsmittel, weiß sich vor dem Verhungern nicht mehr anders zu retten als durch die Flucht

Napoleon als Erster Konsul. Gemälde von Jean-Baptiste Isabey

ins Hospital zu Versailles, wo man den verzweifelten alten Mann aus Mitleid aufnahm, ihm für einige Zeit ein Bett und das Armensüppchen gewährte, Das materielle Elend, die Verarmung des Marquis hatte den absoluten Höhepunkt erreicht.

Dazu zog eine andere, sehr dunkle Wolke am Schicksalshorizont des Citoyen Sade auf. Am 9. November 1799 war Napoleon durch Staatsstreich Erster Konsul und praktisch Diktator von Frankreich geworden. Er war gewillt, der inneren Verlotterung Frankreichs ein Ende zu machen; dazu gehörte die Wiederherstellung moralischer Normen unter dem Schutz der Bajonette. Der Verleger de Sades hatte es vorausschauend bereits klug gefunden, *Justine und Juliette* anonym erscheinen zu lassen. Aber de Sade hat, wie sich nun Schlag auf Schlag zeigt, eine Menge alter Feinde, die ihren moralischen Haß die Jahre über nur auf Eis gelegt hatten. In der Wochenzeitschrift «L'Ami des Lois» veröffentlichte ein Monsieur Paulthier folgende Nachricht: «Wie man hört, ist Sade tot. Der bloße Name dieses berüchtigten Verfassers verbreitet einen Kadavergestank, welcher der Tugend den Atem nimmt und Abscheu hervorruft. Er war der Autor von *Justine ou Les Malheurs de la vertu.* Nicht einmal die verdorbenste Natur, der schäbigste Charakter, die abseitigste und obszöne Phantasie hätten ein solches Werk hervorbringen können, das gleichermaßen Schamgefühl, Vernunft und Menschlichkeit derart beleidigt hätte wie dieses. Dieses Buch ist genau so gefährlich wie die königstreue Zeitschrift ‹Le Nécessaire›, denn wenn es der Mut ist, durch den Republiken gegründet werden, so sind es die guten Sitten, die sie erhalten – gehen sie unter, dann ziehen sie jene nach sich.»

Darauf antwortete de Sade drei Wochen später im gleichen Blatt folgendermaßen:

Nein, ich bin nicht tot und möchte dir den unwiderleglichen Beweis meiner Existenz am liebsten mit einem derben Stock auf den Rücken bleuen. Das täte ich sogar bestimmt, hielte mich nicht die Angst vor Ansteckung zurück, wenn ich mich deinem verseuchten Kadaver näherte. Richtig bedacht, ist übrigens Verachtung die einzige Waffe, mit der ein ehrlicher Mann wie ich die Unterstellungen einer Kanaille wie du von sich weisen sollte. Es trifft nicht zu, daß ich der Autor von Justine bin! Wenn es nicht ein Idiot wie du wäre, würde ich mir wohl auch die Mühe machen, dafür den Beweis zu erbringen. Was jedoch aus deinem verpesteten Maul kommt, ist so dämlich, daß die Beweisführung entehrender wäre als die Verleumdung.

De Sade leugnet also plötzlich, der Verfasser des Doppelromans zu sein, leugnet die Urheberschaft an seinem Hauptwerk. Das ist auffallend für einen Mann, der einst in der Bastille geschrieben hatte: *Ich bin ... von einer beispiellosen Hemmungslosigkeit der Phantasie und der Lebensführung, Atheist bis zum Fanatismus, mit einem Wort, so bin ich, und noch einmal: tötet mich oder nehmt mich, wie ich bin, denn ändern könnt ihr mich nicht mehr.*

Aber der Autor der *Nouvelle Justine* hörte nun zum erstenmal seit dem Zusammenbruch des Ancien régime wieder den Ton einer unversöhnlichen Feindschaft gegen sich und sein Werk. Diesmal kam er allerdings vom französischen Bürgertum, das sich im Schatten der napoleonischen Bajonette endlich sicher fühlte und seine Mentalität kräftig zur Geltung brachte. Dabei zeigte sich, wie längst zu erwarten war, daß diese neue Klasse noch weit intoleranter war als früher der Adel und die allgemeine Heuchelei zu einer idologischen Tugend machte. Dieses neue Frankreich zögerte also nicht, den Citoyen Sade neuerdings zum Paria der guten Sitten zu machen und fand dabei als besten Bundesgenossen die neu etablierte Geistlichkeit: wenige Jahre später sollte Bonaparte sogar seinen offiziellen Frieden mit dem Papst machen. An die Stelle des Bündnisses von Adel und Klerus als den privilegierten Klassen des Ancien régime trat nun dasjenige zwischen Bürgertum und Kirche – solche Schwenkungen hat die Papstkirche oft und meist mit bewundernswertem Erfolg vollzogen.

Welch gefährliche Macht sich da gegen ihn erhob, mag also de Sade, der den Weitergang der öffentlichen Dinge mit skeptischem Interesse verfolgte, sehr wohl gespürt haben. Nimmt man an, daß er das pornographische Übersoll an Zutaten nur auf Zureden seines Verlegers und damit aus finanziellen Gründen geliefert hat, dann erwies es sich nun um so richtiger, daß sein Name fortgeblieben war, weil er seine Autorschaft einfach leugnen konnte. Es gab einen einzigen, der sie kannte, und das war sein Verleger Nicolas Massé.

Als sich de Sade am 6. März 1801 bei diesem Massé geschäftlich aufhält, erscheint plötzlich die Polizei, beschlagnahmt zahlreiche Manuskripte de Sades sowie mehrere Bände von *Justine* und *Juliette* mit handschriftlicher Korrekturen des Autors. Bei einer gleichzeitigen Haussuchung in der Wohnung de Sades wird angeblich ein geheimes Kabinett mit weiteren belastenden Dingen entdeckt. Verleger und Autor werden verhaftet, der Verleger jedoch schon am nächsten Tag freigelassen, nachdem er sein Geheimlager mit allen noch nicht verkauften Exemplaren von Büchern de Sades der Polizei angegeben hatte. Nach den Forschungen Gilbert Lelys kann es heute keinem Zweifel mehr unterliegen, daß der unter Druck gesetzte Verleger seinen Autor verraten und geopfert hat, um seine eigene Haut zu retten. Denn Massé machte weiterhin seine Geschäfte und blieb ein freier Mann, während de Sade bis zu seinem Tode nie wieder die Freiheit erhielt. 13 Jahre sollte dieser Zustand dauern.

Aus späteren Protokollen geht hervor, daß sich die Familie de Sades mit seiner Internierung «um ihrer Ehre willen» völlig einverstanden erklärte, ebenso mit der Beschlagnahme der «unzüchtigen» Bücher und Schriften – natürlich mußte sie bald wieder auch die Unterhaltskosten bezahlen. Die beiden Söhne dienten im Heer des Korsen und wollten Karriere machen, ihnen war also die schriftstellerische Tätigkeit ihres Vaters wohl schon seit Jahren sehr peinlich und schädlich für den Familiennamen. Außerdem befürchteten sie vielleicht auch Vermögenseinbußen durch die Zuwendungen ihres Vaters an seine neue Lebensgefährtin Madame Quesnet.

Das Zeitalter der Lettres de cachet ist freilich vorbei. Aber Fouché, der allmächtige Polizeiminister Napoleons, hat eine viel einfachere Methode entdeckt, unliebsame Personen aus dem öffentlichen Leben zu verbannen: sie werden nämlich auf dem Verwaltungsweg für gemeingefährlich und geisteskrank erklärt und interniert, ohne daß Gerichte bemüht zu werden brauchen oder gar die öffentliche Meinung in Erregung geriete. Lange Zeit hat man übrigens geglaubt, die Verhaftung und lebenslängliche Inhaftierung de Sades sei durch ein ihm zugeschriebenes Pasquill «Zoloé et ses deux acolytes» (Zoloé und ihre beiden Meßgehilfen) veranlaßt worden, das sich recht boshaft mit dem Privatleben Joséphines, der Gattin Bonapartes, befaßte. Auf Grund von Lelys gewissenhaften Nachforschungen scheint aber dieses Motiv heute in hohem Grade anzweifelbar zu sein. Völlig widerlegt ist es allerdings noch nicht, denn es gibt immerhin einen von Napoleon unterzeichneten Beschluß aus dem Jahre 1812, dahingehend, daß de Sade weiterhin in Gefangenschaft zu bleiben habe. Der Kaiser hatte offenbar seine Gründe, sämtliche Bittgesuche de Sades zu verwerfen, und diese Gründe hat er für sich behalten.

Fast ein Jahr verbringt de Sade im Stadtgefängnis Sainte-Pélagie und wegen «anstößigen Betragens» muß er zwischendurch sogar noch viele Wochen in der besonders berüchtigten Strafanstalt von Bicêtre schmachten, bis es die (vielleicht doch auch etwas schuldbewußte) Familie durch Gesuche und Interventionen erreicht, daß der Dreiundsechzigjährige in das renommierte Irrenhaus von Charenton-Saint-Maurice als Sonderpatient eingewiesen wird. Die Unterhaltskosten betragen 3000 Francs jährlich und sind von der Familie zu tragen – dafür wird der Marquis ähnlich priviligiert wie einst in der Bastille. Der Anstaltsdirektor, Monsieur de Coulmier, wird vorher eingehend über die Gefährlichkeit des neuen Patienten aufgeklärt und muß besondere Vorsichtsmaßregeln treffen, um jeden Fluchtversuch unmöglich zu machen.

Joseph Fouché

BÜHNENZAUBER IM IRRENHAUS

Am 27. April 1803 wird de Sade unter Polizeieskorte von Bicêtre nach Charenton gebracht und Monsieur de Coulmier übergeben. Für den alten Marquis bedeutet das nach 14 Jahren ein ironisches Wiedersehen. Denn hierher war er kurze Zeit vor dem Sturm auf die Bastille gebracht worden und hatte dann unter dem, allerdings milden, Regiment der Barmherzigen Brüder noch fast ein Jahr zu warten, bis er endlich Entlassung und Freiheit erlangte. Längst waren die Mönche aus dem großen Komplex abgezogen und hatten einer reinen Zivilverwaltung Platz gemacht. Monsieur de Coulmier, der den Greis höflich in Empfang nimmt, ist willens, dem seltsamen Mann, der hier unrechtmäßig interniert werden soll, soviel Erleichterungen seines Schicksals zu gewähren, wie sich bei weitherziger Auslegung der Vorschriften nur ermöglichen läßt. De Sade erhielt im rechten Flügel zwei Treppen hoch ein kleines Appartement zugewiesen, das er auch bald wieder mit eigenen Möbeln und Tapeten ausstatten darf, worin er nach einiger Zeit sogar über eine Bibliothek von annähernd 300 Bänden verfügt. Die Erlaubnis, Spaziergänge innerhalb der weitläufigen Anstalt und ihrer Gärten zu machen, blieb viele Jahre nahezu unbegrenzt. Ja, er erreicht es sogar, daß Madame Quesnet mehrere Monate des Jahres ganz bei ihrem Freund wohnen darf: sie schreibt tagsüber nach seinem Diktat und liest ihm abends stundenlang vor. Diese Hilfe stimmt ihn besonders dankbar, weil die Augenkrankheit, die er sich in der Bastille zuzog, sich seitdem ständig verschlechtert hat – er befürchtet manchmal den Verlust seines ganzen Augenlichts.

De Sade findet sich diesmal nach einer kurzen Phase der Ungebärdigkeit und plötzlicher Zornesausbrüche auffallend schnell in ein Schicksal, das er nun, nach soviel unseligem Auf und Ab in seinem merkwürdigen Leben, als das Verhängnis begreift, dem ein Mann wie er nicht entrinnen konnte. Weil er den Vorhang vor der wahren Natur des Menschen und seines allbeherrschenden Triebes beiseite gezogen, den Illusionismus des Glücks und die Haltlosigkeit eines Moralsystems enthüllt hatte, das sich auf Gott berief und die inkorrigible Natur des Menschen leugnete, war er «untragbar» für jedes Regime geworden, gleichermaßen gefährlich selbst für ansonsten ganz antipodische Weltanschauungen. Ihm wird nicht, ihm wird nie mehr verziehen werden – das wußte er nachgerade, der Verfolgte des fünfzehnten und sechzehnten Ludwig, Robespierres und Napoleons. Aber es war auch nichts rückgängig, geschweige denn ungeschehen zu machen; über die Leugnung, der Autor von *Justine* und *Juliette* zu sein, lächelte er insgeheim wohl selber, obgleich er noch einige Jahre daran festhielt.

Die Revolution hatte allein in Paris Zehntausende guillotinieren lassen, bis selbst Paris dieser Massenbelustigung überdrüssig wurde. Napoleon sollte seinem treuen Frankreich den größten Blutverlust seiner ganzen Geschichte zufügen: mehr als ein Dutzend Jahrgänge wurden förmlich ausgemerzt, und am Ende kämpfte der Imperator mit einer Armee von Invaliden und Knaben. Als jedoch seine Leiche aus St. Helena nach Frankreich zurückgeführt wurde, kniete das französische Volk entlang der Landstraßen, über die sein Sarg auf einer Lafette nach Paris gefahren wurde, und jeder Seufzer lautete: Napoleon!

Trotz aller polizeilichen Beschlagnahmungen wurden die verpönten Romane unentwegt weitergedruckt – in welchem Umfang, weiß natürlich niemand, denn darüber wurde keine Statistik geführt. De Sade galt eine gute Weile als gewöhnlicher Pornograph, das wurde sogar zum Zwecke der Camouflage und Verharmlosung recht eifrig propagiert. Daß es am Ende doch nicht verfing, daran waren die bösen Literaten schuld, die ein ganz unbekanntes Reich darin zu entdecken begannen.

Die Comédie-Française, um 1820

Der Marquis, schon immer ein düsterer Experimentator, setzte in Charenton überdies noch einmal und zum letztenmal zu phantastischen Untersuchungen im dunklen Sektor der menschlichen Seele an. Daß de Sade in dieser ungewöhnlichen Anstalt mit Erlaubnis des toleranten Direktors Coulmier Theatervorstellungen veranstalten konnte vor einem Publikum, in dem auch viele interessierte Gäste aus Paris saßen, hat freilich den alten Theaterenthusiasten de Sade vor allem persönlich befriedigt. Daß er in erster Linie seine eigenen Stücke wählte, die mit einer Ausnahme von der Comédie-Française abgelehnt worden waren, liegt nahe. Unter den zahlreichen weiblichen und männlichen Patienten von Charenton fand er genügend Geeignete, die zudem meist begeistert waren, dem eintönigen Ablauf des Anstaltsalltags für eine Weile entrissen zu werden. In Frage kamen selbstverständlich nur die Trakte mit den leichteren Fällen; es gab auffallend viele Personen, die hier eigentlich nur interniert waren zur

Szenenbild aus dem Drama von Peter Weiss:
Ernst Schröder als Marquis de Sade. Schiller-Theater, Berlin

Bequemlichkeit ihrer wohlhabenden Familien, die dann allerdings die Anstaltskosten bezahlen mußten.

Hier also konnte der alte Marquis endlich ganz seiner Theaterleidenschaft frönen, konnte Proben nach Herzenslust ansetzen, Kostüme schneidern und Kulissen malen lassen. Das ehemalige Refektorium des Klosters ließ sich leicht in einen Theatersaal verwandeln; was er vielleicht an Eleganz vermissen ließ, machte er wett durch seine Einzigartigkeit. Vor der Premiere verschickte de Sade Einladungen an den großen Bekanntenkreis, den er sich in den Jahren seiner Freiheit mit Hilfe von Madame Quesnet wieder geschaffen hatte, und fragte an, wieviel Eintrittskarten er schicken dürfe – an Stelle eines festen Eintrittspreises wird wohl eine Art gehobenen Almosens zugunsten der Armen in Charenton getreten sein. Das Irrenhaus-Theater von Charenton wird für einen Teil der Pariser Gesellschaft zu einer Sensation, zu der Hofdamen, Bankiers, Salonmatadoren und vor allem Theaterpersönlichkeiten, darunter die damals bekanntesten Pariser Schauspielerinnen, sich drängten. Ja, de Sade darf bisweilen auch Konzerte und Ballette veranstalten und seine Ehrengäste zu einem Diner in seinen Räumen bitten.

Nahezu 150 Jahre nach dem Tode de Sades ging im Berliner Schiller-Theater mit langanhaltendem Erfolg das Drama von Peter Weiss «Die Verfolgung und Ermordung Jean Paul Marats dargestellt durch die Schauspielgruppe des Hospizes zu Charenton unter Anleitung des Herrn de Sade» über die Szene. Zum erstenmal stand der Marquis de Sade als historische Gestalt auf der Bühne und zwar innerhalb eines Lebensabschnittes, der mit der Dämmerung der revolutionären Epoche zusammenfällt, die 1789 mit dem Schwur im Ballsaal begann und 1815 in Waterloo endigte. De Sade ist ohne den Geist dieser Zeit so wenig zu verstehen wie diese Epoche selbst mit ihren Freuden begreiflich wäre ohne die tiefen Einsichten in die Zusammenhänge zwischen Grausamkeit und Lust, entdeckt von de Sade. Im übrigen hat Peter Weiss vom Recht der freien Erfindung Gebrauch gemacht, und höchst müßig wäre ein Streit darüber, ob er de Sade richtig und ohne jede Verzerrung nachgezeichnet habe.

Auf Beschwerden des Präfekten und des Ministers antwortet Coulmier, daß das Theaterspielen mit seiner ausdrücklichen Genehmigung und bewußten Förderung vonstatten gehe. Die Idee de Sades, mit Geisteskranken Theater zu spielen, könne man gar nicht genug loben, denn es habe sich herausgestellt, daß es kein besseres Heilmittel für viele seiner Kranken gebe. Als der Minister darauf in einer geharnischten Dienstanweisung befiehlt, de Sade in Einzelhaft zu halten und ihm jede Schreib- und Wirkungsmöglichkeit zu nehmen, antwortet der tapfere Coulmier, dann möge man einen so gefährlichen Mann anderswohin bringen, denn er fände es demütigend, den Gefangenenaufseher eines Mannes zu machen, den er schätzen gelernt habe. Schon seit langem gebe de Sade keinen Anlaß mehr zu irgendwelchen Klagen, benehme sich einwandfrei und leide gegenwärtig nur darunter, von seinen Angehörigen fast ohne Mittel gelassen zu werden, während diese ungehindert von der Gefangenschaft des alten Mannes profitierten.

Beide Söhne de Sades sind Offiziere Napoleons und heiraten in diesen Jahren. Aus der Familie des älteren Sohns ging später nach Generationen jene Adheaume de Chevigné hervor, die Prousts Modell für die Herzogin de Guermantes wurde. Der ältere Sohn wurde als Leutnant 1809 von aufrührerischen Neapolitanern getötet. Am 7. Juli 1810 stirbt die geschiedene Frau de Sades auf Schloß Échauffour. Die einstigen Ehegatten hatten sich seit den letzten Besuchen in der Bastille nie wieder gesehen; der Marquis hatte seiner Frau, durch deren Unachtsamkeit so viele Manuskripte verlorengegangen waren, nie vergeben. Über die Freundschaft mit Madame Quesnet scheint hingegen nie die kleinste Wolke gezogen zu sein, obschon das cholerische Temperament des Marquis auch noch viele Jahre in Charenton nicht ganz erloschen war.

Seit dem Jahre 1813 hört man nichts mehr von Theatervorstellungen in Charenton; Coulmier mußte sich schließlich doch wohl dem strikten Verbot des Innenministers beugen; dieser Innenminister, ein Monsieur de Montalivet, verdächtigte de Sade nun auch, das Versteck der Kupferplatten zu *Justine* und *Juliette* zu kennen, mit denen unentwegt neue Auflagen der gefährlichen Romane hergestellt und allenthalben unterm Ladentisch verkauft wurden. Immer wieder droht er, de Sade nach Ham oder in ein anderes strenges Staatsgefängnis überführen zu lassen.

Aber das Theater hatte ohnehin niemals den ganzen phantastischen Tätigkeitsdrang de Sades ausgefüllt. Er schrieb in den vierzehn Jahren zu Charenton noch rund zehn Bände anderer Werke, drei Romane sehr ungleichen Wertes vor allem, von denen das mutmaßliche Meisterwerk, *Les Journées de Florbelle ou La Nature dévoilée*, noch zu seinen Lebzeiten bei einer der zahlreichen polizeilichen Kontrollen entdeckt und vernichtet wurde.

VERDAMMT IN ALLE EWIGKEIT?

Und wie oft wurde er nicht denunziert, wieder an einem besonders unmoralischen und atheistischen Werk zu arbeiten! Spitzel gab es überall im napoleonischen Frankreich, selbstverständlich auch in Charenton, wo ja keineswegs de Sade allein als Opfer einer Verwaltungsbehörde sitzt, die jede Gerichtsverhandlung oder «Beunruhigung der Öffentlichkeit» vermeiden möchte. Die gleiche Verwaltungsbehörde, meist die Pariser Polizeipräfektur unter Fouché, läßt dann eine Wohnungsdurchsuchung in de Sades Appartement vornehmen, beschlagnahmt an Geschriebenem, was ihr nur irgendwie zweifelhaft erscheint, und läßt kurzerhand vernichten, was sie anstößig findet. Zu solchen Entscheidungen wird häufig auch der jüngere Sohn des Marquis, Donatien-Claude-Armand, hinzugezogen, der sich ausschließlich von seinen Interessen und der Familienehre leiten läßt, seinen Vater verabscheut und am liebsten jede Zeile verbrannt haben möchte, die überhaupt von ihm existiert.

Gegen solche Konfiskationen ist de Sade so machtlos wie Direktor Coulmier. Versteckmöglichkeiten waren kaum vorhanden; nur Madame Quesnet vermochte das eine oder andere Manuskript aus der Anstalt zu schmuggeln, obwohl es streng verboten war und ihr die Entziehung der Aufenthaltserlaubnis eintragen konnte. Vernichtet und verschwunden sind jedenfalls Werke wie *Les Confessions, La Réfutation de Fénélon* und, außer dem bereits genannten, die Romane *Conrad ou Le Jaloux en délire* und *Marcel ou Le Cordelier.* Nur der recht harmlose historische Roman *La Marquise de Gange* erschien anonym 1813 in einem Pariser Verlag, und die Erträge daraus kamen wahrscheinlich «La Sensible» zugute, die so viel für den Verfolgten getan und ihr bißchen Besitz dabei nicht geschont hatte.

De Sade mußte in Charenton also ständig auf plötzliche Kontrollen und Zimmeruntersuchungen gefaßt sein; nie war er sicher, daß ihm ein Werk, an das er Monate fleißiger Arbeit gewendet hatte, nicht einfach auf Nimmerwiedersehen entrissen wurde. Das ist, wie zuzugeben ist, für einen Schriftsteller ein höllischer Zustand und so recht das Gebaren einer Despotie, die einem ohnehin widerrechtlich Internierten alle und jede Rechtsmittel versagte, wenn sie es für richtig hielt.

Nach vielen vergeblichen Gesuchen und Protesten gegen seine illegale Inhaftierung in den ersten Jahren nach der neuerlichen Verhaftung hat sich de Sade lediglich auf etliche Anstrengungen beschränkt, wenigstens in dem einigermaßen erträglichen Charenton zu bleiben. Im übrigen hatte er begriffen, daß über ihn endgültig, und zwar für die restliche Zeit seines Lebens, entschieden war. Das verlieh ihm etwas Fassung und gestattete es ihm, allen Amtspersonen mit kalter Verachtung zu begegnen. Äußerlich, in Gruß und Gespräch, war er nun wieder der unnahbare Marquis aus altem Geschlecht. Auf diese Zugehörigkeit hatte er im Ancien régime lange Zeit so fest vertraut, daß er erst nach geraumer Zeit zu fassen vermochte, um wieviel mächtiger Madame Montreuil, seine Schwiegermutter aus zweifelhaftem Robenadel, war, weil sie unvergleichlich, mehr Geld besaß als der verhaßte Schwiegersohn. Napoleon schuf einen neuen Adel, den der bourbonische bis heute nicht recht anerkennt – aber er beeilte sich, de Sade sofort wieder in die Pestbaracke zu stecken. Darin waren sich ja alle Regierungssysteme und alle Klassen vollständig einig und sind es bis auf den heutigen Tag: de Sade bleibt verbannt und ausgestoßen. Da es nicht gelungen war, de Sade an der Profanierung aller moralischen Tabus zu hindern, fiel er fortan selber unter eine Art von Tabu: der weltweite Abscheu vor seinem Namen gleicht dem Widerwillen vor Pferdefleisch, den lange Jahrhunderte unzählige Millionen von Christen empfanden, obgleich der Verstand dafür nicht die mindesten Argumente lieferte. Diese Form der Abwehr ist wahrscheinlich die wirkungsvollste, die es gibt, sie zwingt selbst die Gerechten zu einem Konformismus des Mitschweigens. Aber es war selbstverständlich nicht der Name, der verschwiegen wurde. Der Name wurde vielmehr zum Terminus einer ekelhaften Perversion, die jedermann zum Pharisäer machte, der ihn gedankenlos aussprach (so ist es vergleichsweise auch dem biblischen Onan ergangen, der mit seinem Tun, dem Onanieren, etwas ganz anderes meinte, als der Terminus heute gemeinhin deutet). In der Tat vermag aber niemand bis heute zu sagen, was geschlechtlich normal sei und ob es demnach überhaupt angängig ist, von einer sexuellen, von einer moralischen Norm zu sprechen.

Gerade in Frankreich war diese emotionale Auflehnung gegen de Sade erstaunlich, denn dieses Land war durch all die Jahrhunderte nach seiner politischen Stabilisierung eigentlich nie prüde gewesen. Auch hat es in der französischen Literatur selbst berühmten Personen nie geschadet, wenn sie bisweilen, und sei es nur aus Geldnot, ihre Feder der Pornographie liehen, so zum Beispiel Mirabeau, Diderot, Beaumarchais, Gautier oder Verlaine – wahrhaftig nur eine kleine Auswahl! Dies schlüpfrige Metier hätte also auch der Marquis gewiß ungestraft betreiben können. Gerade dies hat de Sade jedoch verachtet. Als er sich von der aktiven Befriedigung seiner ungewöhnlichen Sinnlichkeit und der Welt der lebendigen Objekte ausgeschlossen sah, rettete er sich in seine «Künstlichen Paradiese», schrieb im Gefängnis Band um Band seiner sexuellen Naturphilosophie und zeigte darin den «natürlichen» Menschen, der selbst seine abartigsten Lüste und Süchte zur persönlichen Norm erhebt.

Daß dieser natürliche Triebmensch keineswegs gleichbedeutend mit einem rationalen Individuum ist, bleibt einer der vielen, sehr vielen Widersprüche bei de Sade. Wer aber dürfte gerade ihm das Recht auf Widersprüche versagen? Gibt es bei Rousseau nicht noch viel mehr Widersprüche? Oder bei Diderot – ganz zu schweigen von Montesquieu oder Voltaire?

Nichts leichter weiterhin, als de Sade einen Mann von schwankendem Charakter, wenn nicht gar von oft empörender Charakterlosigkeit zu nennen. Er lügt bei jeder Gelegenheit, schwindelt, zeigt kaum je Stolz und ehrenhafte Verläßlichkeit, ist nahezu bar jeder Selbstkritik und gewahrt Fehler nur bei anderen, Mitleid und Dankbarkeit sind schwach entwickelt. Für unseren Eindruck ist er alles andere als ein beispielhafter Typ des französischen Edelmanns aus altem Geschlecht, obwohl er sich für einen Aristokraten hält und die niederen Stände verachtet, selbst wenn er unter der Republik aus Nützlichkeitsgründen manchmal das Gegenteil sagt. Sein Verhältnis zum Geld, zum Wirtschaften und allen praktischen Seiten des Lebens kann man geradezu infantil nennen.

Was wir gewohnt sind, Charakter oder Gesinnung zu nennen, war indes im Frankreich des 18. Jahrhunderts nahezu unbekannt. Daß ein homme de lettres die bedenklichsten Geschäfte machen und dabei den abstoßendsten Charakter an den Tag legen konnte, ist vielhundertfach bezeugt. Voltaire wurde durch Wuchergeschäfte zum Millionär und Beaumarchais verdiente sogar am Sklavenhandel.

Selbstverständlich war man andererseits Philosoph; im damaligen Frankreich bedeutete dies vor allem, an alle Dinge und Probleme mit Vernunft heranzugehen – bis heute heißt es im Französischen «Vous avez raison», wenn man deutsch sagt «Sie haben recht». Man predigte den Fortschritt, forderte den Rechtsstaat und verdammte die längst nicht mehr zu rechtfertigenden Vorrechte des Adels und der Geistlichkeit. Das geschah in einem unübersehbaren täglichen Kleinkrieg, zu dem es der Mimikry, des ständigen Dementis, nicht zuletzt des Schutzes durch gute Verbindungen bedurfte, also einer gewissen Handlungsfähigkeit innerhalb der allgemeinen Korruption. So kam es also weit mehr auf Geld denn auf Charakter an in einem Lande, das im übrigen selbst den idealsten Forderungen dann am willigsten sein Ohr schenkte, wenn sie mit Witz und Geist vorgebracht wurden.

Die vermeintlichen Charakterfehler bei de Sade können demnach, wenn man von den eigentlich skandalösen absieht, kaum gegen ihn ausgespielt werden. Auch er mußte in der Regel jeweils das tun oder glaubhaft machen, was seine gefährdete Existenz zu schützen geeignet schien – infolgedessen leugnete er die Autorschaft an seinem größten und gefährlichsten Werk, greift unbedenklich zu demütigen, ja kriecherischen Wendungen, um seine Freiheit wiederzuerlangen, und steht gelegentlich nicht an, den Charenton inspizierenden Erzbischof von Paris mit einer frommen Eloge zu begrüßen – er, der Atheist par excellence. Wahrscheinlich entsprach er damit einer Bitte Monsieur de Coulmiers, dem er allzu verpflichtet war, um sich ihr entziehen zu können.

Honoré-Gabriel Graf Mirabeau. Büste von Jean-Antoine Houdon

Es war also ein harter Schlag, als nach dem Sturz Napoleons und der Neuinthronisierung der Bourbonen in Frankreich der Direktor Coulmier entlassen und von einem Günstling des neuen Innenministers, dem Rechtsanwalt Roulhac du Maupas, abgelöst wurde. Schon zu Anfang September des Jahres 1814 richtet der neue Direktor das dringende Ersuchen an den Innenminister, den greisen de Sade aus der Anstalt zu entfernen, wo man ihn nicht genügend überwachen könne. Empörend sei es weiterhin, daß der Sohn des Internierten sich weigere, die schuldigen Pensionskosten in Höhe von 8934 Francs zu bezahlen, obwohl er sich mit wenig korrekten Methoden den meisten Grundbesitz seines Vaters angeeignet habe.

Die letzten verläßlichen Schilderungen des vierundsiebzigjährigen Marquis stammen von einem Medizinassistenten, dem damals neunzehnjährigen L.-J. Ramon. Er sah ihn zum erstenmal am Morgen des 11. November 1814. «Fortan», so berichtete er Jahrzehnte später, «begegnete ich ihm häufig, wenn er allein, mit schweren, schleifenden Schritten, durch die Korridore ging, die zu seiner Wohnung führten. Er war recht nachlässig gekleidet, auch habe ich nie beobachtet, daß er mit Vorüberkommenden sprach. Meinen Gruß beantwortete er stets mit einer so frostigen Höflichkeit, daß man es gar nicht wagte, mit ihm ein Gespräch zu beginnen. Nichts brachte mich damals auf die Vermutung, es handle sich um den Autor von *Justine* und *Juliette;* ich hatte bloß den Eindruck eines hochmütigen und verdrossenen greisen Aristokraten.»

Am 1. Dezember kann der schwer asthmatische Marquis das Bett nicht mehr verlassen und erhält einen Pfleger. Am Tage darauf erscheint der benachrichtigte Donatien-Claude-Armand am Krankenbett seines Vaters und erhält auf seine Bitte die Zusage, daß der medizinisch versierte L.-J. Ramon die Nacht im Krankenzimmer verbringen wird. Daß der Marquis de Sade vor seinem Tode seinen Frieden mit der ihm zeitlebens so verhaßten Kirche machte, hätte man allerdings für unglaubhaft gehalten, wenn es von dem sehr zuverlässigen Ramon nicht ausdrücklich bezeugt würde. Als er erschien, um seine Nachtwache anzutreten, kam nämlich gerade der Pfarrer aus dem Krankenzimmer und «schien, wenn auch nicht geradezu ergriffen, so doch recht zufrieden mit seinem Besuch zu sein». Der Abend rückte vor und das Keuchen und Röcheln des Kranken nimmt zu. Einige Male flößt Ramon ihm Sirup und Kräutertee ein. Nach der letzten dieser Hilfeleistungen hat sich Ramon kaum gesetzt, als de Sade seinen letzten Atemzug tut. Es ist zwei Stunden vor Mitternacht. Tags darauf, am 3. Dezember, um die Mittagsstunde, wird vom Maire in Gegenwart einer Kommission die amtliche Todeserklärung ausgefertigt. Ein paar Tage später wird der Marquis, entgegen seinem letzten Willen, auf dem Anstaltsfriedhof Charenton nach katholischem Ritus beigesetzt. De Sades Testament stammte aus dem Jahre 1806 und enthielt folgende Wünsche:

Ich verbiete, daß mein Leichnam geöffnet werde, unter welchem Vorwand auch immer; nachdrücklich fordere ich, ihn 48 Stunden im Sterbezimmer zu belassen und zwar in einem offenen Holzsarg, der erst nach Ablauf der 48 Stunden zugenagelt werden darf. Inzwischen soll durch einen Eilboten Herr Le Normand, Holzhändler, Nummer hunderteins Boulevard Égalité, Versailles, gebeten werden, persönlich mit einem Wagen zu kommen, um meine Überreste in den Wald meines Gutes Malmaison, Gemeinde Emancé bei Epernon, zu bringen. In diesem Wald soll mein Leichnam ohne die geringste Feier im ersten Unterholz rechter Seite, von der ehemaligen Schloßallee gerechnet, beigesetzt werden. Hier soll unter der Aufsicht Herrn Le Normands von den Bauern Malmaisons mein Grab ausgehoben werden. Herr Le Normand soll meinen Leichnam erst verlassen, wenn er auf die genannte Weise beigesetzt worden ist. Wenn Herr Le Normand es will, dürfen auch jene meiner Verwandten und Freunde zugegen sein, die mir ohne Traueraufwand ein Zeichen ihrer Zuneigung beweisen wollen. Sobald das Grab zugeschüttet ist, sollen Eicheln gesät werden, auf daß später neue Bäume daraus keimen und das Gehölz wieder so dicht wird wie vorher. Die Spuren meines Grabes sollen von der Erdoberfläche verschwinden, wie ich mir schmeichle, daß die Erinnerung an mich aus dem Menschengeist ausgelöscht werden wird ... Ausgefertigt zu Charenton, Saint-Maurice, in bester körperlicher und geistiger Verfassung ... D. A. F. Sade.

Was mit dem Grabe de Sades ferner geschah, berichtete ein halbes Jahrhundert später wiederum der inzwischen greise, hochangesehene Dr. Ramon:

«Ein paar Monate später, ich wüßte nicht genau zu sagen, an welchem Datum, wurden auf dem Friedhof Umbettungen vorgenommen und dazu gehörten auch die Überreste de Sades, die nun exhumiert wurden. Ich verfehlte nicht, dabei anwesend zu sein, und verschaffte mir den Schädel des Marquis, dessen Authentizität völlig sicher war. Es waren ja auch viele Leute anwesend, die de Sade und sein Grab ebenso gut kannten wie ich selber. Gerade, als ich mich daran machte, den Schädel zu Hause kunstgerecht zu präparieren, erhielt ich den Besuch eines Freundes, des berühmten Phrenologen Spurzheim, der ein Schüler Galls war. Als er mich sehr darum bat, überließ ich ihm den Schädel und er versprach ihn mir bald, zusammen mit einigen Abgüssen, die er sogleich machen wollte, wiederzubringen. Aber er machte in der kommenden Zeit Vorlesungsreisen nach England und Deutschland und starb dann plötzlich. So habe ich den Schädel nie wiedergesehen.»

Nach neueren Forschungen soll Spurzheim auch in Amerika gewesen sein und den Schädel dort zurückgelassen haben. Ramon beschließt seinen grotesken Bericht mit den folgenden Feststellungen:

«Indessen hatte ich ihn in den wenigen Tagen, die er bei mir lag, phrenologisch genau untersucht. Die Ergebnisse waren: gut entwikkelte Schädelwölbung (Theosophie, Wohlwollen); keine auffallenden Ausbuchtungen in der Schläfengegend (Sitz der Grausamkeit); keine auffallenden Ausbuchtungen hinter und über den Ohren (Sitz der Streitsucht); Kleinhirn mit mäßigen Abmessungen, kein ungewöhnlich großer Abstand von einem Warzenfortsatz zum anderen (Sitz hypertrophischer Sinnlichkeit).

Mit einem Wort: wenn ich schon in dem würdig, beinahe möchte ich sagen: patriarchalisch in Charenton herumwandelnden de Sade nie den Autor von *Justine* und *Juliette* erkannt hätte, so würde ich ihn nun nach dem Studium seines Schädels erst recht von der Anschuldigung freisprechen, diese Bücher verfaßt zu haben. Sein Schädel glich in jeder Hinsicht demjenigen eines Kirchenvaters.»

Der letzte Satz Ramons ist von ausgesuchter Boshaftigkeit, trifft jedoch auch unbewußt ins Schwarze, denkt man an die unvergänglichen Bekenntnisbücher heiliger Männer wie Augustinus oder Antonius, die von schweren sexuellen Halluzinationen heimgesucht wurden.

Gall ist heute so vergessen wie die von ihm begründete Lehre von der Phrenologie, mit deren Hilfe man unfehlbar den Charakter eines Menschen aus Schädelform und Aussehen des Gehirns bestimmen zu können vermeinte – bis weit über die Mitte des vorigen Jahrhunderts hinaus spielte sie eine große Rolle und wurde dann als unwissenschaftlich abgetan. Hingegen gelang es durchaus nicht, die Erinnerung an den Marquis de Sade auszulöschen; wie er es selbst in seinem Testament gewünscht hatte. Dieser größte aller Verdammten der europäischen Literatur hat seine Ruhmesstätte in der Krypta des Parnaß und gilt als der schwarze Klassiker par excellence.

DAS WERK UND DIE FOLGEN

An der Spitze aller Werke de Sades steht unbedingt der Doppelroman um Justine und Juliette in der letzten – vergeblich konfiszierten – Fassung von 1797; die ursprüngliche Ausgabe umfaßte zehn Bände, sechs davon der Geschichte der Juliette gewidmet. Das bedeutet freilich nicht, daß allein dieses Werk des Marquis von Wichtigkeit sei und die anderen mehr oder minder unerheblich. Es besteht Grund für die Annahme, daß *Les 120 Journées de Sodome* vielleicht das größte und furchtbarste Meisterwerk de Sades war, allein das lange verschollene und erst 1937 von Maurice Heine, einem hervorragenden Sade-Forscher, veröffentlichte Manuskript ist ja im wesentlichen nur der Plan für das Werk, nicht das Werk selber. Ein anderer umfangreicher Roman, *Aline et Valcour*, ist ebenfalls für die Kenntnis de Sades und seiner spekulativen Philosophie von unbestreitbarer Wichtigkeit, überrascht dazu durch eine geradezu erstaun-

Aus dem Manuskript von «Les 120 Journées de Sodome»

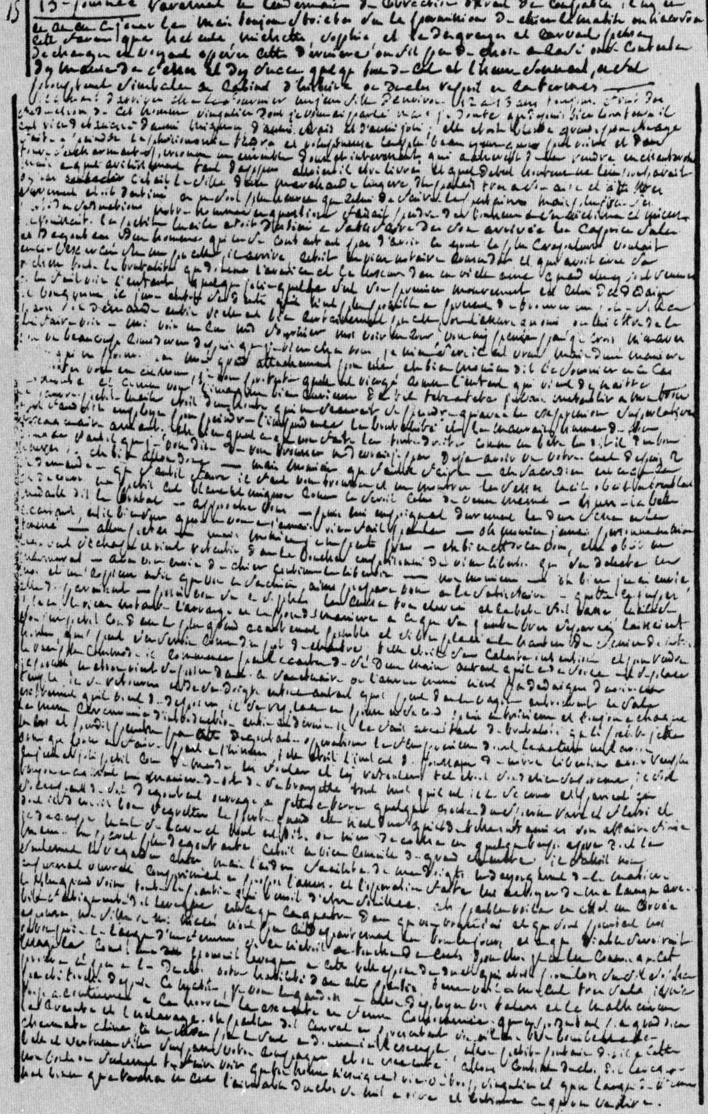

15

15 – journée

liche Unanstößigkeit. Unter den fünfzig Erzählungen, die noch in der Bastille entstanden sind, kann man etwa ein Dutzend gelungener und origineller Stücke finden, manche mit einem derben Humor erfüllt, der bisweilen an Rabelais gemahnt. Aber der schwarze, einzigartige Ruhm de Sades bleibt trotz alledem an den großen Doppelroman gebunden.

Von *Justine* gibt es vier Gestaltungen. Ursprünglich als Erzählung gedacht, erscheint 1791 als kleiner Roman *Justine ou Les Malheurs de la vertu* und erst 1797 schließlich jene *Nouvelle Justine,* die man nicht zu Unrecht einen weiblichen Don Quijote genannt hat, der unentwegt wider die Feinde chimärischer Tugenden kämpft und total scheitert. Noch in der zweiten Fassung von 1791 haben wir es dabei mit einem Werk zu tun, worin das Martyrium Justines zwar ganz realistisch geschildert, aber doch mit einer knapp andeutenden Sparsamkeit in der Ausführung und mit merklicher Beschränkung des Obszönen. Das gelang hier um so besser, als zum Unterschied von der letzten, dreimal umfangreicheren Fassung, Justine selber alle Stationen ihres Schicksals schildert. Ein rundes, kleines Meisterwerk, spannend und vernichtend in seiner abgründigen,

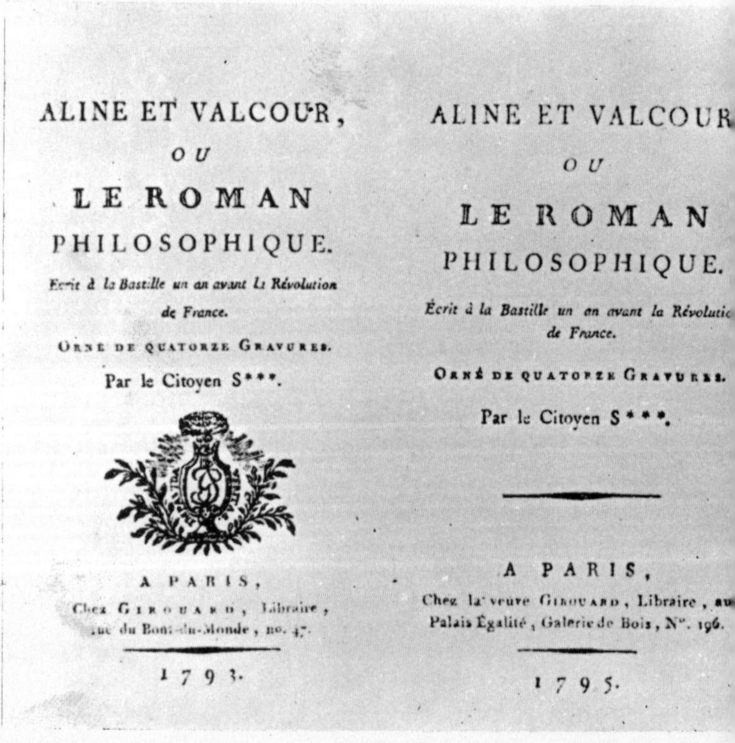
ALINE ET VALCOUR,

OU

LE ROMAN PHILOSOPHIQUE.

Écrit à la Bastille un an avant la Révolution de France.

Orné de quatorze Gravures.

Par le Citoyen S***.

A PARIS,

Chez Girouard, Libraire, rue du Bout-du-Monde, no. 47.

1793.

ALINE ET VALCOUR

OU

LE ROMAN PHILOSOPHIQUE.

Écrit à la Bastille un an avant la Révolutic de France.

Orné de quatorze Gravures.

Par le Citoyen S***.

A PARIS,

Chez la veuve Girouard, Libraire, au Palais Égalité, Galerie de Bois, N°. 196.

1795.

bohrenden Konsequenz. Die knappste Inhaltsbeschreibung gibt gegen Ende die traurige Heldin selbst:

«Unter welchem Unstern muß ich geboren sein», sagte ich mir, «wenn, kaum daß ich einen tugendhaften Entschluß gefaßt habe, sofort eine Woge von Unglück mich hinwegschwemmt. Wie ist es möglich, daß die erlauchte Vorsehung, die ich stets preise, mir alle jene, die mich geschändet und ruiniert haben, auf dem Gipfel des Glücks zeigt, mich Tugendsame aber immerfort bestraft? In meiner Jugend versuchte ein Wucherer, mich zum Diebstahl anzustiften: ich weigerte mich, entgehe mit knapper Not dem Galgen, aber er wird reich. Ein paar Halunken wollen mich im Wald vergewaltigen – ihnen geschieht nichts, bloß ich falle in die Hände eines bösen Marquis, der mich halb zu Tode peitscht, weil ich ihm nicht helfen wollte, seine Mutter zu vergiften. Einen Arzt versuche ich von einem furchtbaren Verbrechen abzuhalten und muß mir zum Lohn das Brandzeichen einer Diebin verpassen lassen, bevor er mich davonjagt. Ich will die Heiligen Sakramente empfangen und zu dem beten, von dem ich schon viel Leid erfahren habe: die Instanz, von der ich durch eines unserer heiligsten Sakramente Freispruch und Trost erwarte, wird zum Schauplatz meiner Defloration und schlimmster Laster. (Ein Wallfahrtskloster, worin vier Mönche mit geraubten Mädchen unerhörten Ausschweifungen nachgehen. D. Verf.) *Jenes Monstrum, das mich schändete, macht im Anschluß große Karriere, während ich im Elend darbe. Einem Armen auf der Straße will ich etwas schenken und werde von ihm beraubt. Ich eile einem Überfallenen zu Hilfe, aber der Schurke läßt mich ein Wasserrad drehen wie ein Tier; wenn ich schwach werde, werde ich mit Prügeln traktiert. Ihm bleibt das Glück hold, ich aber soll es mit dem Leben büßen, weil ich zur Arbeit bei ihm gezwungen worden bin. Eine heruntergekommene Frau will mich von neuem zu einem Verbrechen anstiften, und wie-*

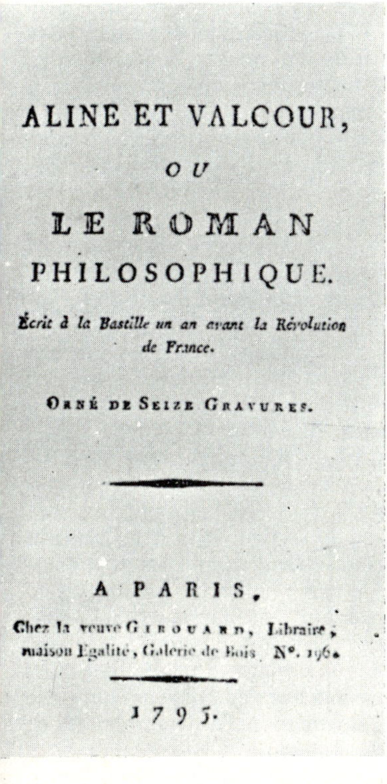

ALINE ET VALCOUR,

OU

LE ROMAN

PHILOSOPHIQUE.

Écrit à la Bastille un an avant la Révolution de France.

ORNÉ DE SEIZE GRAVURES.

A PARIS,

Chez la veuve GIROUARD, Libraire, maison Egalité, Galerie de Bois, N°. 196.

1795.

Die drei ersten Ausgaben von «Aline et Valcour»

der bin ich es, die alle Habseligkeiten verliert, um das Opfer zu retten. Der Gerettete bietet mir zum Lohn seine Hand an und stirbt gleich darauf in meinen Armen. Um ein fremdes Kind zu retten, mißachte ich sogar die Feuersgefahr, dafür stehe ich nun zum drittenmal vor dem Richter. Ich bitte den Elenden, der mich geschändet hat, mir zu helfen, ich hatte die närrische Hoffnung, mein Elend könnte sein Herz rühren, aber er will mir nur um Preis neuer Erniedrigungen helfen ... o Himmel, muß ich jetzt doch an der ewigen Gerechtigkeit zweifeln? Es hätte unmöglich schlimmer kommen können, wenn ich mich wie meine Verfolger dem Laster verschrieben hätte.»

Hier erst folgt das Erkennen der Schwestern. Der Freund Juliettes, der mächtige Herr de Corville, interveniert sofort für Justine; auf Befehl des Königs werden alle Verfahren gegen Justine eingestellt und diese völlig rehabilitiert. Trotzdem bleibt Justine im Banne einer rätselhaften, tiefen Melancholie. An einem Sommerabend bricht ein schweres Gewitter aus, Juliette, die Angst vor Gewittern hat, bittet Justine, die Fenster des Salons zu schließen, diese beeilt sich, es zu tun und wird auf der Stelle von einem tödlichen Blitzstrahl getroffen. Nun aber sind Juliette wie durch ein göttliches Zeichen die Augen geöffnet: was hätte sie nach einem Leben voller Unglauben und Ausschweifungen erst vor dem ewigen Richter zu erwarten, wenn schon die stets tugendbestrebte Justine ein solches Ende gefunden hat? Juliette tritt also bei den Karmeliterinnen ein und wird dort bald ein Muster bußfertiger Sittenstrenge.

In *Nouvelle Justine* hat nicht mehr Justine selbst das Wort bei der Schilderung ihres Leidensweges; wohl aber wird es im anschließenden Roman dafür Juliette sein, die selber erzählt. Kein Wort mehr, das als Parteinahme oder nur als Mitleid für Justine aufgefaßt werden könnte. Weit früher als in der vorigen Fassung wird Justine geschändet. In der verruchten Abtei hausen nicht mehr vier, sondern nun sechs Mönche und verfügen über je ein Serail von Knaben und Mädchen. Aber nicht nur werden in den schon bekannten Szenen die Personen und die Zahl der Ausschweifungen vermehrt, sondern Justine muß gut und gern das Dreifache an Plagen und Heimsuchungen erdulden: auf Schritt und Tritt lauern Verbrechen und Laster, und am Ende hat Justine kaum weniger dazu beigetragen, die schlimmsten Perversionen und Lüste zu befriedigen als das lasterhafteste Wesen, ohne jemals die Befriedigung, das frevelhafte Glück willentlicher Sünder empfunden zu haben.

Es versteht sich, daß Justine am Ende von Juliettes Lebensbericht entsetzt ist. Diese beschließt dann heimlich mit ihren Gästen, die unerträglich tugendhafte Justine so bald wie möglich beseitigen zu lassen. Da aber zieht wieder ein Gewitter auf und man entschließt sich, eine Art Gottesurteil über Justine entscheiden zu lassen, indem man sie auf der Stelle aus dem Hause ins Freie jagt. Ehe sie die Straße erreicht, wird sie vom Blitz getroffen und auf der Stelle getötet. Alle sind tief erfreut, denn hier war es unwiderleglich demonstriert: so belohnt der Himmel das Streben nach Tugend!

JUSTINE,

OU

LES MALHEURS

DE LA VERTU.

O mon ami ! la prospérité du crime est comme la foudre dont les feux trompeurs n'embellissent un instant l'atmosphère, que pour précipiter dans les abîmes de la mort le malheureux qu'ils ont ébloui.

SECONDE ÉDITION,

Corrigée et augmentée.

TOME PREMIER.

EN HOLLANDE.

1797.

Von *Histoire de Juliette* eine einigermaßen vollständige Inhaltsbeschreibung zu geben, sollte man sich indes besser versagen. Dies nicht aus billigen moralischen Bedenken – wer für solche anfällig ist, sollte sich besser überhaupt nicht mit dem Marquis befassen. Aber eine Inhaltsbeschreibung, die sich notwendigermaßen an den äußeren Ablauf der Geschehnisse halten muß, läuft genau die Gefahr, vor der man den Roman gerade schützen sollte: nämlich so etwas wie ein Katalog aller pornographischen Möglichkeiten zu sein. Nahezu über alles, was in diesem sehr umfangreichen Roman geschieht, wird darin auch meditiert und reflektiert, man kann beides nicht trennen, ohne es zugleich aufzuheben. Was man so die Lebensphilosophie der Juliette, dieses Ausbunds an Lastern und grausamen Lüsten, nennen könnte, läuft vieldutzendmal zu einer schrecklichen, bisweilen fast zermalmenden Größe auf. Es ist de Sades vernichtendes Plädoyer wider seine Freiheitsberauber, das wir hier lauter, schärfer und glänzender formuliert hören als irgendwo sonst. Daß er größtenteils wahre Vorfälle aus seiner Epoche bei der Ausgestaltung der Handlung benutzte, wurde schon eingangs erwähnt: Aber wie er sie benutzt, zusammenmontiert und mit Stimmung und Spannung aufgeladen hat, zeigt auch einen Schriftsteller von beträchtlichem Ausdrucksvermögen bei der Arbeit.

Anders als Justine hatte sich Juliette nach dem Tod der Eltern, die fast nichts für die beiden Töchter hinterlassen hatten, sofort auf die Seite des Lasters geschlagen. Sie war schon vorher als Zögling im Kloster Panthémont von der Äbtissin Delbène gründlich verdorben worden. Berühmt ist die Szene am Anfang, da eine lasterhafte Gesellschaft durch ein Grab in die Katakomben des Klosters steigt. Hier finden nächtliche Orgien statt, deren Teilnehmer Priester, Mönche, Nonnen und die Pensionärinnen der Klosterschule sind. Hier lernt Juliette, ohne ihre Jungfräulichkeit zu verlieren, schon eine Menge der schlimmsten Ausschweifungen kennen. Man diniert nackt an opulenten Tafeln mit den feinsten Weinen des Landes, man vergnügt sich erotisch auf den Särgen verstorbener Nonnen. Plötzlich flattert eine große Nachteule durch die Katakombe und bringt die Kerzen zum Erlöschen. Alles flüchtet ...

Nach mehreren Jahren harter Prostitution lernt Juliette den sehr reichen, einflußreichen Wüstling Noirceuil kennen, dem sie zwar gut gefällt, der sich aber trotzdem gleich von ihr trennen will, weil er, wie er ihr offen gesteht, ihre Eltern ruiniert und, zur Sicherheit, bald darauf auch noch vergiftet habe. Jedoch Juliette ist sofort von wilder Bewunderung erfüllt für das Format dieses skrupellosen Verbrechers, und Noirceuil ist seinerseits glücklich, nun eine ebenbürtige Gesinnungsgenossin gefunden zu haben. Er läßt sie fortan in seinem luxuriösen Hause leben und macht sie eines Tages mit dem vollkommensten Bösewicht Frankreichs bekannt, dem Staatsminister Saint-Fond, einem Manne, der sich etwas darauf zugute tut, mindestens 20 000 völlig unschuldige Menschen durch Lettres de cachet in die königlichen Gefängnisse gebracht zu haben. Nun wird

Frontispiz einer Ausgabe der «Justine», 1797

Juliette mit ihren 17 Jahren Mittelpunkt eines rücksichtslos lasterhaften Kreises, der sich um keine Gesetze zu kümmern braucht. Bald darauf übergibt Saint-Fond Juliette sogar die Leitung seines Vergiftungs-Departements. In dieser Aufgabe hat sie jährlich etwa fünfzig lästige Personen aus der Welt zu schaffen. Aber Juliette hat zu dieser Zeit bereits entdeckt, wie sehr die Grausamkeit aller Art ihr Element ist, wie schal das Leben ohne die Lust am Leiden anderer, wie töricht die Beachtung von Moralgesetzen, die ja nur für die Schwachen und Armen erdacht sind, deren unwiderrufliches Schicksal es ohnehin ist, mehr oder weniger willig Opfer zu sein. Der schöne und hochmütige Saint-Fond ist unerschöpflich im Erfinden immer neuer Perversionen und sensationeller Orgien, bei denen monatlich mindestens dreißig junge Mädchen ihr Leben lassen müssen. Auf dem Höhepunkt einer der schauerlichsten Orgien bricht er in den Jubelruf aus: «Je parricidais, j'incestais, j'assasinais, je prostituais et je sodomisais!» Dieser Fürst der Verbrechen und satanischer Ausschweifungen bestreitet die phantastischen Kosten seines Privatlebens selbstverständlich aus der Staatskasse. Eine Lady Clairwil mit dem bösesten Herzen der Welt wird die beste Freundin Juliettes und führt diese in die «Gesellschaft der Freunde des Verbrechens» ein, deren Mitglieder strengen Statuten gehorchen und sich ständig in verbrecherischen Grausamkeiten der unausdenklichsten Art bewähren müssen. Saint-Fond glaubt sich des völligen Nihilismus Juliettes so gewiß, daß er ihr eines Tages seinen Plan verrät, das übervölkerte Frankreich zu sanieren und zu diesem Zweck zwei Drittel der Einwohner einfach verhungern zu lassen. Als er jedoch sieht, daß Juliette einen Moment erbleicht, wendet er sich verachtungsvoll von ihr ab. Rechtzeitig gewarnt von Noirceuil, muß sie schnellstens aus Paris flüchten. *«Ach, du verhängnisvolle Tugend»*, ruft sie aus. *«Wieder bin ich einen Moment auf dich hereingefallen. Nie wieder soll man mich zu Füßen deiner elenden Altäre finden, nun ersticke ich die Tugend für immer in mir. Denn sie führt unfehlbar in einer Welt ins Verderben, die nur noch von der Korruption zusammengehalten wird.»* Mit ihren nunmehr 22 Jahren muß Juliette in Angers ganz von neuem beginnen. Aus aller Not erlöst sie der Graf Lorsange, der sie heiratet und den sie nach einigen monotonen Ehejahren vergiftet. Er hinterläßt ihr 50 000 Livres Rente. Um sicher vor den Verfolgungen Saint-Fonds zu sein, geht sie nun nach Italien.

Diese mehrjährige Reise durch die vielen Kleinstaaten des damaligen Italien ist in ihrem Umfang fast ein zweiter Roman im Roman, äußerlich ganz im Muster des damals gängigen Reiseromans. An vielen Stellen vermag man leicht zu erkennen, daß de Sade die Schauplätze aus eigener Erfahrung kannte, aus seinen eigenen Italien-Reisen 1773 und 1775/76. Bestimmte Kunstwerke und andere Sehenswürdigkeiten werden aus eigener Anschauung beschrieben und diesen Eindruck vermitteln auch die Städte- und Landschaftstableaus. Die Kunst des Beschreibens steht heute nicht hoch im Kurs; das war damals und fast das ganze 19. Jahrhundert hindurch anders.

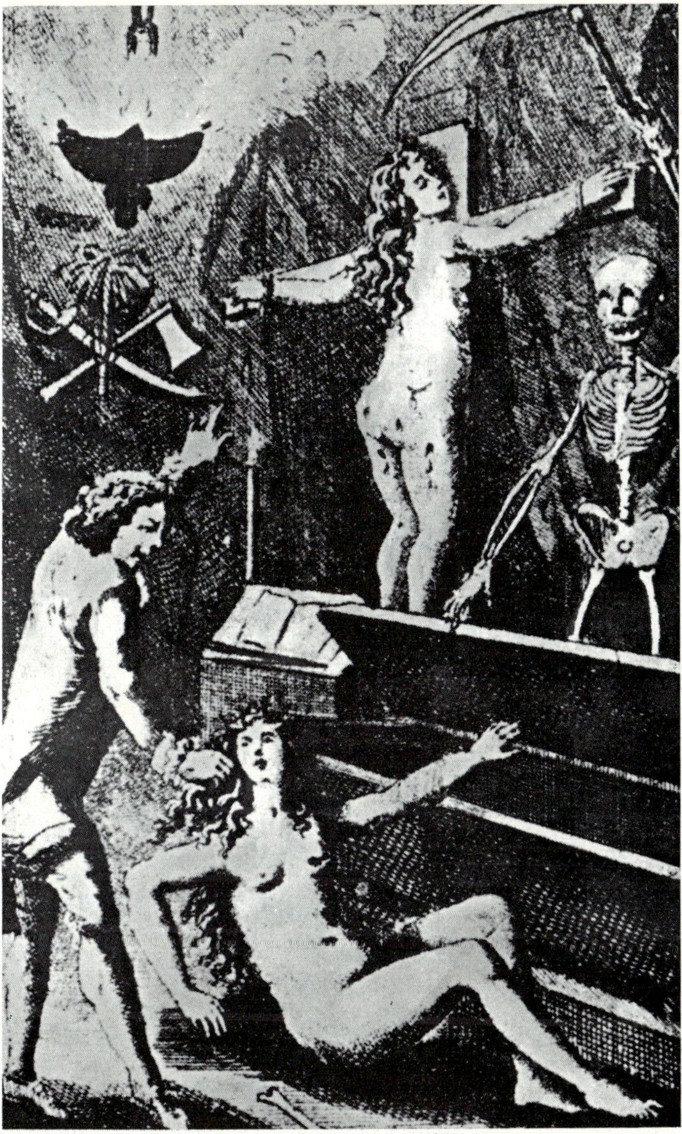

Der Saal des Schreckens. Illustration zu «Justine»

Ein Blitzstrahl tötet Justine. Zeitgenössische Illustration

Nun war es aber wohl kaum des Autors Absicht, einen Reiseroman zu schreiben. Er wählte als Gesamtschauplatz Italien, weil er es ausgezeichnet kannte, und zwar nicht nur topographisch und kunstwissenschaftlich, sondern auch sittengeschichtlich. Er kannte nämlich alle Skandale und Verbrechen aus den Hauptstädten der dortigen Staaten, in Turin, der Toscana, Rom, Neapel, Parma, Lucca und Venedig. Einen seiner besten Informanten rühmt de Sade namentlich im Roman, es ist jener Giuseppe Iberti, der ihn besonders mit römischem Material versorgte und das mit vier Monaten Untersuchungshaft bei der päpstlichen Inquisition zu büßen hatte. Ein anderer Geheiminformant hieß Mesny und war großherzoglicher Leibarzt in Florenz. Alles in allem verfügte also de Sade über erstklassiges zeitgenössisches Material, in seiner Gesamtheit ausgezeichnet geeignet, Juliette zur Szene zu dienen, Juliette als Kurtisane, Tribade, als Teilhaberin an allen Lastern und Ausschweifungen, an Greueln und Verbrechen ohne Ende.

Bei der Reise über die Apeninnen gerät sie mit ihrer Begleitung vorübergehend in die Gefangenschaft des riesigen Menschenfressers Minski. Er lauert Reisenden auf, die sein Koch nachher als Braten oder Pasteten zubereitet. Man speist an «lebenden Tafeln», serviert wird nämlich auf den gebeugten Rücken nackter Mädchen, an deren Haaren man sich hinterher die Finger säubert. Bei einem besonders wohlschmeckenden Gericht fragt Juliette den gastgebenden Riesen, ob es Geflügel oder Wildbret sei. *«Nicht doch»*, lacht der muntere Minski, *«es ist Ihre Kammerfrau, Madame.»* Nach aufgehobener Tafel erfreut Minski seine Gäste – er hat sich inzwischen in Juliette verliebt – durch eine Tierfütterung im Raubtierzwinger; unter die Bären und Löwen werden einige Mädchen aus dem Vorratskeller des Räubers geworfen. Auch seine neueste Erfindung führt er vor: eine Maschine, die zugleich sechzehn Menschen ersticht, enthauptet und erhängt. Juliette flüchtet aber bald, nachdem sie Minski ein kräftiges Betäubungsmittel in die Schokolade geschüttet hat. *«Ein solches Scheusal darf man nicht töten»*, erklärt sie bewundernd. Trotzdem läßt sie all sein Gold und Silber mitgehen.

In Florenz veranlaßt der Großherzog Juliette zu Ehren eine Aufführung von Exekutionen mit Musikbegleitung: die Köpfe fallen genau im Takt. In Rom genießt Juliette die Gunst der tribadischen Prinzessin Borghese, die gerade mit Hilfe des Polizeidirektors den heißesten Wunsch ihres Lebens verwirklicht: alle siebenunddreißig Krankenhäuser Roms in Brand zu stecken, wobei etwa 20 000 Kranke ums Leben kommen. In Rom flößt sie dem atheistischen Papst Bewunderung ein, der eine Orgie im Petersdom veranstaltet und ihr zuliebe schwarze Messen zelebriert. Auf der Weiterreise nach Neapel werden sie neuerdings von Räubern überfallen, deren Hauptmann der weithin gefürchtete Brisa-Testa ist. In der blutdurstigen Frau dieses Räubers erkennt Juliette ihre alte Freundin Clairwil wieder, die hier mit ihrem Bruder Brisa-Testa im Inzest lebt. Mit der Clairwil und der Prinzessin Borghese zusammen gelangt Juliette in das völlig verkommene Königreich von Neapel. Als besondere Attraktion lädt der König zu einer Aufführung des «Theaters der Grausamkeiten». In jeder Loge hängen sieben Gemälde mit sieben verschiedenen Hinrichtungsarten. Auf einer Art Klingelbrett drückt man hierauf den gewünschten Knopf und sogleich wird von vier stämmigen Henkern auf der Bühne die Exekution vollzogen: Feuer, Auspeitschung, Galgen, Rad, Pfählung, Enthauptung oder Zerstückelung – fast 1200 Opfer bei jeder Vorstellung! Bei einem Ausflug auf den Vesuv stürzen sich Juliette und die Clairwil auf die Borghese, entkleiden sie und werfen sie in den kochenden Krater, worauf es einen Vesuvausbruch gibt. *«Ach, Olympia vermißt ihre Kleider!»* höhnt Juliette. Bald darauf wird auch die Clairwil vergiftet. Mit der Giftmischerin Durand zieht Juliette nach etlichen Zwischenfällen nach Venedig und errichtet ein Spezialitätenbordell für die lasterhaftesten Wünsche reicher Männer und Frauen. Aufs neue vermehrt sich dadurch ihr in Italien schon bisher errafftes Riesenvermögen. Als sie sich jedoch weigert, dem Dogen Gift zu verschaffen, wird das Bordell geschlossen und das halbe Vermögen konfisziert. Juliette flüchtet mit dem restlichen Geld nach Lyon. Inzwischen hat

Schloß Bretenoux (links) und Schloß Rochefoucauls, beide typisch für jene einsam gelegenen, altfranzösischen Burgen, die de Sade mit Vorliebe zum Schauplatz seiner Erzählungen macht

ihr alter Gönner Noirceuil den allzu bedrohlichen Saint-Fond umgebracht und feiert bald hocherfreut Wiedersehen mit Juliette. Sein erstes Wort ist: «*Du findest mich noch tausendmal lasterhafter, als du mich einst verlassen hast!*»

Am Ende ihrer Erzählung bricht Juliette in einen wahren Preisgesang des Lasters aus. «*Das ist die glückliche Lage, in der ihr mich jetzt seht, liebe Freunde. Ja, ich gestehe es ein, wie leidenschaftlich ich das Verbrechen liebe. Nur es allein reizt meine Sinne, und so werde ich sein Lob bis zum letzten Tage meines Lebens verkünden. Frei von religiöser Angst, unerreichbar für die Gesetze durch meine Verschwiegenheit und meinen Reichtum, kenne ich weder göttliche noch menschliche Macht, die sich meinen Wünschen entgegenzustellen vermöchte. Die Vergangenheit ermutigt mich, die Gegenwart elektrisiert mich und die Zukunft fürchte ich nicht. So darf ich also hoffen, der Rest meines Lebens werde die Freuden der Jugend noch weit übertreffen. Die Natur hat die Menschen zu Freude und Genuß geschaffen, was die Erde davon nur bieten kann. Dieses ihr höchstes Gesetz war und wird immer auch dasjenige meines Herzens sein. Um so schlimmer für die Opfer, ohne die es freilich nicht abgeht.*

Aber alles im Universum wäre in Gefahr ohne die erhabenen Gesetze des Gleichgewichts. Nur durch Freveltaten regeneriert sich die Natur und erobert von neuem das ihr von der Tugend abgelistete Terrain. Lasset uns also der Natur gehorchen, indem wir die Partei des Bösen ergreifen. Das einzige Verbrechen, das sie nie verzeihen würde, wäre der Widerstand gegen sie. O meine Freunde, gehorchen wir diesen Grundsätzen, deren Verwirklichung für uns die Quellen allen menschlichen Glückes sind.»

Der unbewußte Anti-Rousseauismus de Sades nimmt hier förmlich die Metapher einer Reconquista des natürlichen Menschen wider die zurückweichende Welt der Tugend, also des moralischen Menschen an. Die Partei der Natur ist das gleiche wie die Partei des Bösen. Das Böse jedoch als Naturkraft tritt immer despotisch auf, wie es de Sade anderswo ausführt: *Es gibt keinen Menschen, der in der Erregung nicht Despot sein möchte. Er scheint förmlich weniger Genuß zu spüren, wenn ein anderer ebenso stark genießt, wie er selber. In einem merkwürdigen Akt des Stolzes, der in seiner Situation nur allzu einsichtig erscheint, möchte er der einzige Mensch auf der Welt sein, der imstande ist, so stark zu genießen, was er fühlt. Die Vorstellung, daß ein anderer den gleichen Genuß empfinden könnte, degradiert ihn zu einer Form der Gleichheit, die die einzigartigen Wonnen des Despotismus im Nu zerstört. Es ist außerdem falsch, anzunehmen, man empfange Genuß, weil man anderen Genuß schenke. Nur, wenn er anderen zugleich Erniedrigung bereitet, wird der Mensch jener Erregungen teilhaftig, wie sie einem nervösen Individuum zukommen, das durch Übung seine Kräfte genießt. Und so wird er schließlich zum Tyrannen und dies ist dann die Situation, aus der sein Egoismus höchsten Gewinn zieht.*

Diese Angaben über den Roman *Histoire de Juliette* sind im Vergleich zum Ganzen kaum mehr als Spotlights, die ein riesiges Panorama kurz anleuchten. Es ist eine Stoffmasse ohnegleichen, und sie gewinnt schon durch ihre Ausmaße eine geradezu halluzinatorische Gewalt.

Ganz sicher ging es dem Marquis bei seinem Doppelroman nicht vorsätzlich um ein Kunstwerk. Romane galten damals insgesamt als leichtes, unterhaltsames Genre; die Talente des 18. Jahrhunderts bedienten sich dieser lässigen Form, um Gedanken, Probleme und Tendenzen leichtfaßlich über den engeren Kreis der Salons hinauszutragen. Das war bis 1789 vor allem das aufklärende, liberalistische Gedankengut der Encyclopédie. Man findet es in nahezu allen französischen Romanen des ausgehenden Ancien régime, es handelte sich demzufolge um Tendenzromane, und ihre Autoren erblickten darin beileibe nichts Herabsetzendes. Mit der Revolution begann zudem durchaus kein großes Zeitalter der Literatur, vielmehr kann man für die Jahre von 1789 bis 1815 von einer Stagnation, ja geradezu von einem Verfall sprechen; erst mit der bourbonischen Restauration beginnt ein neuer Aufschwung.

Der Vorwurf, de Sades große Romane seien unkünstlerisch, dem

Den Raubtieren zum Fraß.
Illustration zur «Nouvelle Justine», 1798

man so oft begegnet, geht also an ihrer eigentlichen Bedeutung vorbei. Es handelt sich auch bei ihnen selbstverständlich um Tendenzromane, es ist fast keine Seite darin, wo der Marquis nicht sein Programm, seine Botschaft ausbreitet. Dem Wunsch des geschäftstüchtigen Verlegers, «gut zu pfeffern», entsprach er weniger durch das entsprechende Vokabular als durch eine riesenhafte Aufforstung mit obszönen Episoden und Anekdota von Sex, Blut und Grausamkeit.

Ohne Frage ist die sorgfältige Lektüre von *Histoire de Juliette* in einer ungekürzten Ausgabe heutzutage eine recht erschöpfende Arbeit. Man vermag sich leicht in die Enttäuschung unzähliger Käufer zu versetzen, die von rein pornographischem Interesse getrieben waren und hier statt der erwarteten eine völlig fremde und unvergnügliche Welt fanden. Nun muß man allerdings wissen, daß allein *Histoire de Juliette* in der Ausgabe von 1797 auch noch 64 Illustrationen der Art enthält, wie sie in Pornographica seit eh und je gang und gäbe sind; sie waren selbstverständlich im Auftrag des Verlegers angefertigt worden, der seinen Kundenkreis kannte, und des-

Simone de Beauvoir und Sartre

halb werden vermutlich viele der enttäuschten Leser einigen Trost in der verhältnismäßig reichlichen Bebilderung gefunden haben. Es handelt sich übrigens durchweg um schlechte, flüchtig ausgeführte, in der Mehrzahl sogar stümperhafte Graphik; Könner waren dem Verleger wohl zu teuer. Ob sie de Sades Kritik herausgefordert haben, ist nicht bekannt; er selbst war jedenfalls, wie aus mancherlei Notizen hervorgeht, ein recht geschmacksicherer Betrachter von Kunstwerken; dies bewährte sich besonders während seiner Reisen durch Italien.

Neben dem Hauptmotiv ist die stärkste Komponente im Doppelroman der kategorische Atheismus de Sades. So liest man in *Histoire de Juliette*: *O du, der, wie man behauptet, die Welt und alles darin erschaffen habe, du, von dem ich nicht die geringste Vorstellung habe, du, den ich nur als Wort kenne, von dem ich nur weiß, was mir Menschen erzählt haben, die sich immerfort irren, du merkwürdiges, imaginäres Wesen, Gott genannt, ich erkläre mit allem Nachdruck öffentlich, daß ich nicht im mindesten an dich glaube! Ich habe dafür den besten aller Gründe: ich konnte nämlich nie etwas wahrnehmen, was mich von deiner absurden Existenz überzeugt hätte, für deren Vorhandensein es im ganzen Weltall auch keinen Beweis gibt.*

In der vorangehenden *Nouvelle Justine* rechnet er mit dem anderen Feind, mit der Stiefmutter Natur ab: *Je mehr ich ihre Geheimnisse zu entdecken versuchte, um so mehr konnte ich feststellen, daß sie ausschließlich bemüht ist, den Menschen zu schaden. Bei allem, was sie unternimmt, werdet ihr sie nie anders finden als gefräßig, auf Zerstörung bedacht und böse, inkonsequent, voller Widerspruch und Heimsuchungen. Unausgesetzt sucht sie neue Opfer, und ihre schöpferische Kraft benutzt sie bloß, um die Erde mit Blut, Tränen und Kummer zu erfüllen. Schwingt sie nicht unausgesetzt ihre Geißel über uns? Ein zeitgenössischer Philosoph nannte sich den Geliebten der Natur – nun, mein Freund, ich halte sie lieber für meinen Henker. Beobachtet, studiert sie, diese grausame Natur. Ihr werdet einsehen, daß sie nur furchtbar ist, um zu zerstören, daß sie ihre Zwekke durch Mord erreicht und sich ähnlich wie der Minotaurus vom Elend und von der Vernichtung des Menschen mästet.*

Der Atheismus de Sades ist absolut und in allen seinen Werken anzutreffen. Sicherlich gilt er zum guten Teil vor allem der katholischen Kirche, insbesondere dem Klerus seiner Zeit, als dessen wenig würdigen Vertreter der Marquis ja schon in früher Jugend den Abbé de Sade, seinen Onkel und Erzieher, kennengelernt hatte. Dazu kam das enge Bündnis von Königtum und Kirche, wie es im königlichen Frankreich herrschte und einen offenen Angriff gegen kirchliche Mißstände bis zur Revolution nahezu unmöglich machte. Hier ist de Sade wesentlich radikaler und mutiger als selbst die meisten Enzyklopädisten, obschon diese Haltung durch die lange Haftabgeschlossenheit in Vincennes und dann in der Bastille kaum zum Zuge kam. Ganz und gar unversöhnlich war sein Religionshaß seit der Affäre von Arcueil geworden, die ja besonders dadurch aufgebauscht und so gefährlich für ihn geworden war, weil man ihm vorwarf, er habe absichtlich das Osterfest entheiligt. Diesen Atheismus erweiterte de Sade später durch einen nicht geringeren Haß wider jedwede Ersatzideologie, wie sie nach dem Ausbruch der Revolution mannigfach ins Kraut schoß; kein Wunder, daß Robespierre, der Ideologe des Terrors, sehr bald Mißtrauen gegen den einstigen Aristokraten faßte. Denn ohne Frage war de Sade, was man auch sonst gegen ihn einwenden mag, ein erbitterter Feind jeder Unterdrückung, jedes persönlichen Zwangs und ließ nie ab von seinem anarchischen Individualismus.

In die große tragische Spannung seiner Existenz geriet er jedoch erst dadurch, daß er am Kreuzweg zwischen Gottesglaube und Natur verharrte und in der Freiheit der Wahl vor allem das Trügerische einer Alternative gewahrte, die immer nur in die Abhängigkeit von der getroffenen Entscheidung führte, in die andere Unfreiheit also. Es versteht sich, daß dieser leidvolle Aspekt Simone de Beauvoir besonders fesselte und somit zum Hauptthema ihres großen Essays über de Sade wurde («Soll man de Sade verbrennen?», München 1964). Aber es gehört zur Größe de Sades, daß er sich bei seiner hochriskierten Existenz jene Erleichterung versagte, die darin bestanden

Guillaume Apollinaire

hätte, zur Natur des Menschen ein Freiheitsgeschenk zu gesellen. Nein, auch die Natur ist Feindin, voller Tücke und Grausamkeit, ihre Geschöpfe sind zugleich ihre Opfer, die sie fühllos und gleichgültig verschlingt. Wem aber als denkendem Menschen jede Teilhabe an Metaphysik verwehrt, als fühlendem Wesen jede Sentimentalisierung der Natur versagt ist, der gerät unausbleiblich in eine Zone äußerster Einsamkeit. Hier haben wir den älteren de Sade zu suchen, hier verharrt er ohne Glauben und Hoffnung, schweigend und kontemplativ in einer Trauer, die keinen Teilhaber möchte.

Wie aber soll man ihm nahen, wie ihm begegnen? Es wird ja immer wieder Menschen geben, die sich nicht damit begnügen werden, daß es einen großen Schriftsteller namens de Sade gibt, den man jedoch lieber nicht lesen sollte, wie zugleich geraten wird. Es ist auf die Dauer peinlich, einerseits von der Bedeutung eines Schriftstellers zu sprechen und auf der anderen Seite seine Werke nicht empfehlen zu können. Es ist dies sogar ein offensichtlicher Widerspruch, ein Verhalten, das gleichermaßen aus Verlegenheit und Heuchelei besteht. Was sich mit einiger Sicherheit 150 Jahre nach seinem Tode sagen läßt, ist aber immerhin dies: es ist noch niemand durch die Lektüre de Sades, also etwa gerade durch *Justine* und *Juliette*, verdorben worden. Beide Romane haben vielmehr immer die gleichen drei Reaktionen hervorgerufen: Enttäuschung bei jenen, die Pornographie suchten, Entsetzen bei biederen, mit den Nachtseiten des Menschen unvertrauten Lesern, Entdeckerfreude aber bei allen mutigen Geistern, die nach den Worten Baudelaires willens sind (in «Le Voyage» aus «Les Fleurs du mal»), bis zum Grund des tiefsten Abgrunds zu tauchen, ins Unbekannteste, um dort das Neue zu entdecken. Keiner, der die damit verbundene Mühe in Kauf genommen hat, blieb geistig unbelohnt bei der Lektüre de Sades. Über die Fülle der darin ausgebreiteten Ansichten und Einsichten ist auch noch niemand hinausgelangt. Es wird dies vermutlich auch in Zukunft niemand vermögen, denn ein monomanisches Genie von so extremer Originalität wie de Sade wird es kaum ein zweites Mal geben.

Wer sich bei der Lektüre durch keine Schwierigkeit und Weitschweifigkeit abschrecken läßt, wird für diese Strapazen belohnt durch die Bekanntschaft mit einer autonomen Welt schöpferischer Phantasie, wie man sie in der Weltliteratur nur selten so geschlossen, so albtraumhaft in ihrem Gegensatz zur bekannten Erscheinungswelt antrifft. Es ist, trotz aller Gestaltenfülle, keine comédie humaine wie bei Balzac, dafür jedoch so etwas wie eine comédie satanique des mœurs, die, wenn sie sich dem Leser erst erschlossen hat, einen düsteren und schrecklichen Zauber entfaltet. Wird man einmal davon gepackt, dann weiß man auch, daß diese tausendräumige Folterkammer des Sexus nur von einem großen Dichter stammen kann, der aus Leid und Träumen schöpfte.

So unerschöpflich de Sade nach seinem Tode auch für Wissenschaftler, Sexualforscher und Literaturforscher wurde, bleibt er doch vor allem ein einzigartiges Ereignis der Literatur. Der Blitz des Gottesgerichts, der auf Justine niederfährt, die Orgie in der Katakombe, das Lachen Juliettes auf dem Vesuv oder die luziferische Majestät des Bösen bei Saint-Fond: das sind Genieeinfälle, und sie werden immer das Genie des Autors bezeugen.

Nein, man kann de Sades Werke nicht empfehlen, und eigentlich wollen sie auch gar nicht empfohlen werden. Es muß vielmehr jedermann selber und aus eigenem Entschluß zu ihm finden und auf eigene Gefahr. Denn so, wie er steht und weiterdauert, in seinem unausdenklichen Haß und seinem Wahn, gehört de Sade zu den großen Geheimnissen Europas und weist auf viele verschwiegene Verliese seines Geistes und seiner Kultur. «Hab die Sonne nicht zu lieb und

Charles Baudelaire. Fotografie von Nadar

nicht die Sterne, komm, folge mir ins dunkle Reich hinab!», diese Mahnung des Orestes in Goethes «Iphigenie» könnte als Motto vors ganze erhaltene Œuvre des Marquis gestellt werden.

Von größter Wichtigkeit wäre es freilich auch, daß die Werke des Marquis de Sade, wo, in welchem Umfang und mit welcher Öffentlichkeitsbeschränkung auch immer sie in Deutschland erscheinen, so zuverlässig, korrekt und ohne jede Fortlassung wie nur möglich übersetzt werden. Was bis heute davon vorliegt, befriedigt nur zum Teil. Auch geht es dabei nicht ohne Fußnoten, Anmerkungen, Erläuterungen und Kommentare, denn erstens liegt uns das 18. Jahrhundert schon recht fern, und zweitens kommt man ohne Faden im Labyrinth de Sades nicht weiter, ganz zu schweigen von dem erheblichen Anteil zeitgeschichtlicher Elemente.

Ein kurzer Blick soll noch auf etliche wichtige Werke der Sekundärliteratur geworfen werden. Den Essay von Simone de Beauvoir nannten wir schon. Auf deutsch ist auch erschienen der prachtvolle Essay von Maurice Blanchot. Von größter Bedeutung für das moderne Sade-Bild wurde Guillaume Apollinaires ausführlicher Essay; ursprünglich die Einleitung zu einer einbändigen Werkauswahl für einen Bibliophilenverband aus dem Jahre 1909. Diese Wertung übernahmen nach dem Ersten Weltkrieg die Surrealisten unter Führung André Bretons und stellten de Sade zusammen mit Lautréamont in das Panthéon der großen Vorläufer, dieser Bewegung. Ein ungewöhnliches Bekenntnis wurde Pierre Klossowskis «Sade, mon prochain», eine sehr eigenwillige, freilich auch in manchen Abschnitten eine etwas übertreibende Deutung des Marquis. Die Essays von Jean Paulhan und Georges Bataille sind mir leider unerreichbar geblieben. Bereits einmal erwähnt habe ich jedoch das sehr intelligente und klug abwägende Buch des Engländers Geoffrey Gorer über de Sade. In deutscher Übersetzung (München 1964) ist ebenfalls das Buch eines anderen Engländers, Norman Gear, erschienen: «Dämon Marquis de Sade». Aber Gear arbeitet nach inzwischen überholten biographischen Grundlagen und bleibt interpretatorisch unter dem Niveau Gorers. Von allen Sade-Forschern ist gegenwärtig selbstverständlich Gilbert Lely der größte. Seinen unermüdlichen Nachforschungen haben wir so wichtige Funde und entscheidende Aufschlüsse zu verdanken, daß ihm ein gewisser schwärmerischer Ton in seinen Publikationen gern verziehen sei.

Das sind jedoch ausnahmslos Arbeiten aus dem 20. Jahrhundert, wobei man gut tut, dieses Jahrhundert mit dem Ersten Weltkrieg beginnen zu lassen. Nun aber war der Marquis im 19. Jahrhundert zu keiner Zeit vergessen, sondern er hat im Gegenteil eine außerordentliche Wirkung auf die französische, aber auch italienische, russische und englische Literatur dieses Jahrhunderts gehabt, wie sich dem Standardwerk von Mario Praz: «Liebe, Tod und Teufel. Die schwarze Romantik» (München 1963), entnehmen läßt. Warum aber hat beinahe niemand im 19. Jahrhundert, auch nicht in Frankreich, spezifisch und besonders über de Sade geschrieben? Es gibt freilich schier unzählige Hinweise und Bemerkungen über ihn; schon in den berühmten Tagebüchern der Goncourts erscheint sein Name oft genug. Aber warum hat zum Beispiel Charles Baudelaire, der vielleicht mehr als alle anderen dem Marquis zu verdanken hat, außer zwei oder drei kurzen Bemerkungen in seinen Tagebüchern nichts direkt über einen Mann geäußert, dem er kaum weniger verpflichtet war als Edgar Allan Poe, für den er sein halbes Leben lang und mit so außerordentlichem Erfolg eintrat? Fast jedes zweite Gedicht in «Les Fleurs du mal» (und der bezeichnende Titel dieses berühmtesten Gedichtbuches der französischen Literatur dazu) zeugen für den Einfluß de Sades – daß dies bei einem Genie wie Baudelaire nicht im Geringsten seine Originalität beeinträchtigte, versteht sich wohl von selber.

Nahezu das gleiche läßt sich bei Gustave Flaubert feststellen. Er hat gern, stundenlang und mit großer Bewunderung über de Sade geplaudert, besonders zu der Zeit, als er an «La Tentation de Saint-Antoine» arbeitete, hat aber nichts über ihn geschrieben. Warum nicht?

Die einzige, wahrscheinlich zutreffende Erklärung wird man in der nachhaltigen bürgerlichen Verdammung de Sades erblicken müssen, denn sie hat lange Zeit allein schon den Namen zu einem Tabu gemacht. Daß dann der Name für einen sexualwissenschaftlichen Terminus herhalten mußte, hat den Träger dieses Namens förmlich zum Erfinder der Krankheit, Sadismus genannt, gemacht. Zwar konnte sich Frankreich nach dem Ende Napoleons weit früher als das übrige Europa der politischen Reaktion erwehren. Aber mit der entscheidenden Macht des Bürgertums setzte ohne Frage eine deutliche moralische Reaktion ein. Sowohl Baudelaire wie Flaubert mußten sich wegen anstößiger Stellen in ihren Büchern vor dem Richter verantworten – wie hätten sie es unter diesen Umständen wagen dürfen, öffentlich für eine Revision in Sachen de Sades und damit für dessen seit 1801 ununterbrochen polizeilich verbotene Bücher einzutreten? Hätten sie nicht die schlimmsten Rückwirkungen für die Verbreitung ihrer eigenen Bücher zu befürchten gehabt?

Sie taten also, was ihnen unter diesen Umständen übrigblieb: sie verschafften sich das Werk des verdammten Marquis im Antiquariat «unterm Ladentisch», studierten und nutzten es nach Gebühr, aber sie schwiegen sich darüber aus. Wer vermöchte ihnen daraus einen Vorwurf zu machen? Andererseits versammelte der Marquis post mortem auf ähnliche Weise eine wahre Elite des Geistes um den erhaltenen Teil seines Werks und erreichte das sonst Unwahrscheinliche: ungeschmälert das bürgerliche Jahrhundert zu überstehen und im zwanzigsten Jahrhundert nicht widerlegt zu werden.

ZEITTAFEL

1740 2. Juni: Geburt von Donatien-Alphonse-François de Sade als zweites Kind des Grafen Jean-Baptiste-Joseph-François de Sade und seiner Frau Marie-Eléonore, geb. de Maillé de Carman, in Paris. Der Vater entstammt einem provenzalisch-italienischen Geschlecht aus Avignon und ist in höheren Positionen im Heeresdienst und im diplomatischen Dienst tätig. Die Mutter stammt aus einer Nebenlinie des königlichen Hauses von Bourbon und ist seit ihrer Eheschließung Gesellschaftsdame der Prinzessin de Condé. – 3. Juni: Taufe.

1740–1744 Frühe Kindheit im Schloß Condé in Paris.

1744 Übersiedlung nach Languedoc zur Großmutter.

1745–1750 Erziehung durch seinen Onkel, den Abbé Jacques de Sade.

1750 Eintritt in das Collège Louis-le-Grand in Paris, ein von Jesuiten geführtes Internat. Persönliche Erziehung durch den Abbé Jacques-François Amblet.

1754 Mai: Aufnahme in die Kavallerieschule der königlichen Garde in Versailles.

1755 Dezember: Unterleutnant im Infanterieregiment des Königs.

1757 Januar: Kornett im Regiment des Grafen de Provence. Teilnahme am Siebenjährigen Krieg in Deutschland.

1759 Urlaub in Paris. Verschwenderisches Vergnügungsleben. April: Hauptmann im Kavallerieregiment von Burgund.

1760 Die Mutter zieht sich in ein Pariser Karmeliterinnenkloster zurück. – De Sade erhält vom Vater die Statthalterschaft seiner Provinzen übertragen.

1763 Februar: Friedensschluß. März: Rückkehr nach Paris. Zügelloses Genußleben, Verschuldung. Meidung der Hofgesellschaft. Liebesverhältnis zu Laure-Victoire-Adeline de Lauris. Aufenthalt in Avignon und Verlobung mit Laure, die jedoch bald eine andere Verbindung eingeht. – Die zerrütteten Vermögensverhältnisse der Familie de Sade zwingen den Marquis zu einer reichen Heirat. 17. Mai: Verehelichung mit Renée-Pélagie de Montreuil, die dem Pariser Richter- und Beamtenadel entstammt. – Fortführung des ausschweifenden Lebenswandels nach der Hochzeit. Beginn einer jahrelangen Beschattung durch Inspektor Marais. – 29. Oktober: Verhaftung wegen ungesetzlicher Exzesse. Vierzehntägige Internierung im Gefängnis von Vincennes. Freilassung auf Erwirken der Schwiegermutter mit der Auflage, das Schloß Échauffour, den Familienbesitz der Montreuils in der Normandie, nicht ohne Sondergenehmigung zu verlassen.

1764 April: Erlaubnis zum Aufenthalt in Paris. Theateraufführungen in einem Pariser Privattheater. Juni: Reise nach Dijon. Juli: Liebesverhältnis zu der Schauspielerin Colette.

1765 Leidenschaftliche Zuneigung de Sades zu der Kurtisane Beauvoisin, mit der er mehrere kostspielige Reisen unternimmt.

Verschuldung. Juni/Juli: Aufenthalt mit seiner Geliebten in seinem Stammschloß La Coste. Feste, Theateraufführungen. Der Abbé de Sade als Gast in La Coste. August: Mit der Beauvoisin in Paris. September: Échauffour. November: Paris, dann Versailles.

1766 Januar: Einstweiliges Ende der Beziehung zu der Beauvoisin. Mai: Lyon, Avignon. Juli: Paris.

1767 24. Januar: Tod des Vaters in Montreuil bei Versailles. – April: Beförderung zum Bataillonskommandeur im Kavallerieregiment. Einberufungsbefehl. – Heimliche Zusammenkunft mit der Beauvoisin in Lyon. Juni: La Coste. – 27. August: Geburt des Sohnes Louis-Marie.

1768 3. April: Skandal mit Rose Keller in Arcueil. April bis Juni: Prozeß vor der Chambre de la Tournelle. April: Internierung in Schloß Saumur. Mai bis November: Haft in der Festung Pierre-Encis. 16. November: Begnadigung de Sades durch den König mit der Auflage, sich zunächst in La Coste aufzuhalten.

1769 La Coste. Theatervorstellungen, Feste. Erneute Verschuldungen. Mai: Paris. – 27. Juni: Geburt des Sohnes Donatien-Claude-Armand. – September/Oktober: Reise durch die Niederlande.

1770 August: Vergebliche Bemühung um Wiederaufnahme seines Dienstes als Hauptmann im Kavallerieregiment von Burgund.

1771 17. April: Geburt der Tochter Madeleine-Laure. – August: Einige Tage im Schuldgefängnis. – Herbst: Die Schwägerin de Sades, Anne-Prospère de Launay, besucht für längere Zeit La Coste. Leidenschaftliches Liebesverhältnis.

1772 20. Januar: Aufführung von de Sades erstem Theaterstück in seinem Schloß La Coste. – Juni: Reise mit seinem Diener nach Marseille. 27. Juni: Perverses Treiben mit mehreren Prostituierten in Marseille («Kantharidinskandal»). Anklage wegen Sodomie und Giftmordanschlag. Juli: Flucht de Sades mit Anne-Prospère nach Italien. 3. September: De Sade wird vom Gerichtshof in Aix in Abwesenheit zum Tode verurteilt. 12. September: Hinrichtung «in effigie». Oktober: De Sade kommt nach Chambéry. 9. Dezember: Verhaftung de Sades auf Betreiben seiner Schwiegermutter durch den König von Sardinien. Anschließende Gefangenschaft in der Festung Miolans in Savoyen.

1773 März: Die Marquise de Sade reist nach Chambéry, wird aber nicht vorgelassen. – 30. April: Flucht. Heimlicher Aufenthalt in La Coste. Bemühungen um Wiederaufnahme des Prozesses und Aufhebung des Urteils.

1774 Mehrfacher Aufenthaltswechsel. Freundschaftliches Verhältnis zu Notar Gaufridy, dem neuen Verwalter der Sadeschen Güter. Schuldenlast. Dezember: «Skandal der kleinen Mädchen».

1775	Juli: Die Schwiegermutter bewirkt einen neuen Haftbefehl. Flucht nach Italien (Florenz, Rom).
1776	Januar bis Mai: Neapel. Juni: Rückreise nach Frankreich. Juli: La Coste. Oktober: Montpellier. November: La Coste. Finanzielle Schwierigkeiten.
1776–1777	Dezember bis Januar: Affäre Trillet.
1777	14. Januar: Tod der Mutter im Karmeliterinnenkloster. 8. Februar: Ankunft de Sades in Paris. 13. Februar: Verhaftung durch Inspektor Marais. Einlieferung ins Gefängnis von Vincennes. Beginn einer «Sicherungsverwahrung» auf Grund einer königlichen «Lettre de cachet». – 31. Dezember: Tod des Abbé Jacques de Sade.
1778	Juni: Reise nach Aix zur Wiederaufnahme des Prozesses. Juli: Annullierung des Todesurteils. Geldstrafe und gerichtliche Verwarnung, doch Fortdauer der Sicherungsverwahrung. 16. Juli: Flucht in Valence auf der Rückreise von Aix nach Paris. Aufenthalt in La Coste. 26. August: Erneute Verhaftung und Einlieferung in Vincennes. Beginn einer über elfjährigen Gefangenschaft. Führung eines Tagebuchs.
Seit 1780	Zahlreiche Theaterstücke (meist unveröffentlicht).
1781	13. Mai: Tod von Anne-Prospère de Launay. – 13. Juli: Die Marquise erhält zum erstenmal die Erlaubnis, de Sade in Vincennes zu besuchen. Beginn starker Eifersuchtskrisen.
1782	Januar: *Étrennes philosophiques.* Sommer: *Dialogue entre un prêtre et un moribond.*
1782–1785	*Les 120 journées de Sodome.*
1783	Februar: Beginn eines Augenleidens.
1784	29. Februar: De Sade wird von Vincennes nach Paris in die Bastille gebracht. Häufige Besuche der Marquise.
1785–1788	*Aline et Valcour ou le roman philosophique.*
1787	*Les infortunes de la vertu. La vérité.*
1787–1788	Novellen der späteren Sammlungen *Historiettes, contes et fabliaux* und *Les crimes de l'amour* (ursprünglich von de Sade geplante Titel: *Le portefeuille d'un homme de lettres* und *Contes et fabliaux du XVIII*e *siècle par un troubadour provençal*).
1788	*Justine ou les malheurs de la vertu.* 1. Oktober: *Catalogue raisonné* (Werkverzeichnis).
1789	4. Juli: De Sade wird wegen revolutionären Verhaltens nach Charenton geschafft. 14. Juli: Bei der Erstürmung der Bastille werden zahlreiche Manuskripte de Sades vernichtet.
1790	18. März: Besuch der beiden Söhne in Charenton. 2. April: Ungültigkeitserklärung aller «Lettres de cachet». Freilassung de Sades. Aufenthalt in Paris. 9. Juni: Scheidung von der Marquise auf deren Bestreben. – Erneute Hinwendung zum Theater. August: Beginn der langjährigen Verbindung mit der Schauspielerin Marie-Constance Renelle, verw. Quesnet. – 16. September: Die Komödie *Sophie et Desfrancs* wird von

der Comédie-Française angenommen. (Das Stück wird jedoch nie aufgeführt.) – 1. November: Einrichtung eines Hauses in Paris.

1791 22. Oktober: Das Theaterstück *Oxtiern ou les malheurs du libertinage* (ursprünglicher Titel: *Le comte Oxtiern ou les effets du libertinage*) wird am Théâtre Molière aufgeführt. *Justine ou les malheurs de la vertu* erscheint anonym.

1792 5. März: Erste Aufführung von *Le suborneur* im Théâtre Italien, die im Tumult untergeht. – 3. September: De Sade wird Sekretär der revolutionären «Section des Piques». Einsatz für Verbesserung der öffentlichen Krankenhäuser. Berichte und Vorträge, die z. T. von der Sektion gedruckt werden. – September: Plünderung des Schlosses La Coste. Beschlagnahmung der übrigen Besitztümer.

1793 Ernennung de Sades zum Richter, später zum Gerichtsvorsitzenden seiner Sektion. – 8. Dezember: Verhaftung de Sades wegen revolutionsfeindlicher Haltung. Internierung im Gefängnis Madelonettes.

1794 Januar: Überführung in das Haus der Karmeliter, anschließend in das Haus Saint-Lazare. 27. März: Aufnahme in das Privatkrankenhaus von Picpus, wodurch de Sade dem Todesurteil vom 26. Juli entgeht. 15. Oktober: Freilassung nach dem Sturz der Extremisten. Aufhebung der Beschlagnahmung seiner Güter.

1795 *La philosophie dans le boudoir* erscheint anonym («vom Verfasser der *Justine*»). Darin enthalten die Schrift *Français, encore un effort, si vous voulez être républicains,* in der de Sade gesetzesreformerische Vorschläge entwickelt. – August: *Aline et Valcour ou le roman philosophique* erscheint (gedruckt schon 1793).

1796 14. März: De Sade mietet mit Marie-Constance Renelle ein Landhaus in Clichy-la-Garenne. 13. Oktober: Verkauf von La Coste. Ankauf zweier neuer Güter. Drückende finanzielle Lage.

1797 Mai: Reise mit Marie-Constance in die Provence. Der Doppelroman *La nouvelle Justine ou les malheurs de la vertu, suivie de l'histoire de Juliette, sa sœur* erscheint anonym.

1798 Beschlagnahme des Besitzes. Erneutes Auftreten des Augenleidens. Winter: Übersiedlung von Paris nach Versailles aus finanzieller Notlage.

1799 29. August: Angriff gegen de Sade in der Zeitschrift «L'ami des lois». De Sade leugnet öffentlich die Verfasserschaft der *Justine*. – Dezember: Aufführung von *Oxtiern* in Versailles. Mitwirkung de Sades als Darsteller.

1800 Januar: Aufnahme in das Hospital zu Versailles wegen materieller Not. Die Novellensammlung *Les crimes de l'amour* erscheint. Oktober: Feindseliger Artikel von Villeterque. Antwort de Sades: *L'auteur des Crimes de l'amour à Villeterque folliculaire.*

1801	6. März: Verhaftung de Sades bei seinem Verleger Nicolas Massé. Beschlagnahmung von Manuskripten und unverkauften Buchbeständen. Einlieferung in das Staatsgefängnis Sainte-Pélagie ohne Gerichtsurteil.
1803	14. März: Einweisung in die Strafanstalt von Bicêtre. 27. April: Überführung in das Irrenhaus Charenton-Saint-Maurice in Paris. Die Unterhaltskosten werden von der Familie getragen.
1803–1813	De Sade leitet Theatervorstellungen in der Anstalt, die von einem prominenten Pariser Publikum besucht werden.
1806–1807	*Les journées de Florbelle ou la nature dévoilée* (verlorener Roman).
1807–1812	*La marquise de Gange.*
1809	Tod des Sohnes Louis-Marie.
1810	7. Juli: Tod der geschiedenen Frau de Sades.
1812	*Adélaïde de Brunswick, princesse de Saxe.*
1813	*Histoire secrète d'Isabelle de Bavière, reine de France. La marquise de Gange* erscheint anonym.
1814	1. Dezember: De Sade wird hinfällig und bettlägerig. Sein Sohn Donatien-Claude-Armand besucht ihn. 2. Dezember: Tod de Sades. Beisetzung auf dem Anstaltsfriedhof Charenton nach katholischem Ritus.

ZEUGNISSE

Nicolas Edme Restif de la Bretonne

Niemand hat sich über die Werke des schändlichen de Sade mehr empört als ich ... Dieser Schurke stellt die Liebesfreuden der Männer nur in Verbindung mit Qualen, ja sogar dem Tod der Frauen dar. Mein Ziel ist es, ein Buch zu schreiben, das schmackhafter ist als die seinen ...

Restif de la Bretonne, L'Anti-Justine. 1798

Jules Janin

Eben weil wir selbst alle schwach genug gewesen sind, die unheilvollen Seiten zu überfliegen, müssen wir die anständigen und glücklichen Menschen, die diese Bücher noch nicht kennen, vor ihm warnen ... Denn gebt euch keinen Täuschungen hin: Der Marquis de Sade befindet sich überall ... er steht in allen Bibliotheken auf einem bestimmten Geheimregal, und zwar so versteckt, daß man ihn immer findet. Seine Bücher gehören zu denen, die man gewöhnlich hinter einen heiligen Chrysostomus oder hinter den «Traité de morale» von Nicole oder hinter Pascals «Pensées» stellt.

Revue de Paris. 1834

Gustave Flaubert

Welche Lektion hat Lacenaire der Moral durch seine Philosophie erteilt – eine wunderliche, tiefe, bittere Philosophie sui generis. Wie hat er sie öffentlich gegeißelt, die armselige, prüde, vertrocknete Moral, was für harte Schläge hat er ihr versetzt, wie hat er sie in Kot und Blut gezerrt! Solche Männer gefallen mir, wie mir Nero gefällt oder der Marquis de Sade ... Solche Ungeheuer verdeutlichen mir die Geschichte, sie sind ihre Ergänzung, ihr Höhepunkt, ihre Moral und ihr Dessert; glaube mir, auch sie sind große Männer, auch sie sind unsterblich ... Ach, mein lieber Ernest, beim Marquis de Sade fällt mir ein: Könntest Du mir einige Romane dieses ehrenwerten Autors beschaffen, so würde ich sie Dir mit Gold aufwiegen!

An Ernest Chevalier. 15. Juli 1839

Charles-Augustin de Sainte-Beuve

Ohne zu befürchten, daß ich widerlegt werde, wage ich die Behauptung, daß Byron und de Sade (ich bitte um Entschuldigung, wenn ich beide im gleichen Atem nenne) vielleicht die beiden größten Anreger für uns Moderne gewesen sind, der eine im Lichte der Öffentlichkeit und sichtbar, der andere heimlich – obgleich nicht eben übertrieben heimlich. Wenn man einige von unseren Modeschriftstellern liest und in ihr Geheimstes eindringen, die Hintertreppe ihres Alkovens benutzen will, so sollte man niemals diesen Schlüssel vergessen.

Revue des deux mondes. 1843

Charles Swinburne

Ich hätte mich Ihrem Urteil angeschlossen, wenn Sie statt «Byron mit einigen Unterschieden» gesagt hätten: «Sade mit einigen Unterschieden». Der Dichter, Denker und Weltmann, von dem die Theologie meines Gedichtes [«Atalanta in Calydon»] stammt, war ein Größerer als Byron. Ob er nun Fatalist war oder nicht – er schaute Göttern und Menschen wirklich ins Herz.

An Lord Houghton. August 1865

Charles Baudelaire

Man muß immer auf Sade, das heißt auf den natürlichen Menschen zurückgreifen, um das Böse zu erklären.

Baudelaire, Journaux intimes

Anatole France

Es ist nicht nötig, einen Text des Marquis de Sade wie einen Text von Pascal zu behandeln...

Sade, Dorci ou la bizarrerie du sort. 1881

Guillaume Apollinaire

Eine große Zahl von Schriftstellern, Philosophen, Nationalökonomen, Naturforschern, Soziologen, von Lamarck bis Spencer, setzten sich mit dem Marquis de Sade auseinander, und sehr viele seiner Ideen, die die Geister seiner Zeit erschreckten und schockierten, sind noch ganz neu... Es scheint, daß die Stunde gekommen ist für diese Ideen, die in der dumpfen Atmosphäre der Unterwelt der Bibliotheken reif geworden sind, und dieser Mann, der nichts zu gelten schien während des ganzen neunzehnten Jahrhunderts, könnte gut das zwanzigste beherrschen.

L'œuvre du marquis de Sade. 1909

Otto Flake

Die Gestalt Sades wäre unerträglich, und die Beschäftigung mit ihm würde zu einer kriminalistischen Studie, die nur den Fachmann angeht, wenn das denkerische Element bei ihm fehlte. Wer aber in irgendeiner Form denkt, sucht ein Verhältnis zur Welt. Das Interessanteste an Sade ist die verächtliche Schärfe, die tiefer sieht, als die sentimentalen Bindungen erlauben...

Für Sade hätte es nur einen Ausweg gegeben: die sexualwissenschaftliche Darstellung, mit objektiv und neutral gemachten Mitteln. Aber eben das Fehlen der Neutralität macht ihn zum Marquis de Sade. In den arabischen Märchen springt auf gewissen Inseln den landenden Kaufleuten ein Dämon auf den Rücken und umklammert ihren Hals mit seinen Beinen; sie müssen ihn mit sich schleppen und werden zu Tode gehetzt. Sade sitzt die Sexualität im Nacken und peitscht ihn vorwärts.

Flake, Marquis de Sade. 1930

André Breton

Die Exzesse der Phantasie, zu denen ihn sein Genie verleitet und die langen Jahre der Gefangenschaft geneigt machen, das wahnsinnig stolze Vorurteil, das ihn seine Helden im Vergnügen wie im Verbrechen vor Übersättigung schützen läßt, seine Bemühung, die für ihre Ausschweifungen günstigen Umstände unendlich zu variieren, und sei es auch nur, um sie dadurch immer verwickelter zu machen, alles dies ist geeignet, aus seiner Erzählung irgendeine Passage von offensichtlicher Übertreibung hervortreten zu lassen, die den Leser entspannt, weil er einsehen muß, daß der Autor kein Narr ist.

Breton, Anthologie de l'humour noir. 1945

Paul Claudel

Es ist wenigstens gut, daß man Sade die Hälfte seines Lebens im Dunkeln hat zubringen lassen...

Une semaine dans le monde. 15. Mai 1948

Albert Camus

Sade ist ein Beispiel dafür, daß auf eine durch die Gesellschaft erlittene grausame Behandlung eine grausame Antwort gegeben wird. Der Schriftsteller ist dabei nicht die Hauptsache, trotz einiger geglückter Aussprüche und trotz der unbedachten Lobsprüche unserer Zeitgenossen. Heute wird er mit so viel Harmlosigkeit bewundert, aber aus Gründen, die mit Literatur nichts zu tun haben.

Man rühmt in ihm den Philosophen in Ketten und den ersten Theoretiker der absoluten Revolte. Er konnte es tatsächlich werden. In der Tiefe der Gefängnisse ist die Träumerei ohne Grenzen, und Realität kann sie nicht zügeln. Die Intelligenz in Ketten verliert an Scharfsicht, was sie an Leidenschaftlichkeit gewinnt. Sade kannte nur eine Logik, die der Gefühle. Er hat keine Philosophie begründet, sondern ist den monströsen Träumereien eines Verfolgten nachgegangen. Allerdings zeigt es sich, daß dieser Traum prophetisch war. Das verzweifelte Verlangen nach Freiheit führte Sade in das Reich der Knechtschaft; sein maßloser Durst nach einem ihm fortan versagten Leben wurde gestillt, von einem Wutausbruch zum andern, durch den Traum von einer alles erfassenden Zerstörung. Insoweit wenigstens ist Sade unser Zeitgenosse.

Camus, L'homme révolté. 1951

SIMONE DE BEAUVOIR

Sades Verdienst ist es nicht nur, mit lauter Stimme verkündet zu haben, was jeder Mensch sich verschämt eingesteht, sondern auch, sich damit nicht abgefunden zu haben. Um gegen die Gleichgültigkeit anzukämpfen, hat er sich für die Grausamkeit entschieden. Sicherlich findet er deshalb heute ein so starkes Echo, da sich der Einzelne als das Opfer weniger der Bosheit als des guten Gewissens seiner Mitmenschen weiß ... Sade hat das Moment des Egoismus, der Ungerechtigkeit und des Unglücks in seinem Leben mit letzter Konsequenz verwirklicht. Der eigentliche Wert seines Beispiels besteht darin, daß er uns beunruhigt. Er zwingt uns, erneut das wesentliche Problem in Frage zu stellen, das in anderer Gestalt auch unsere Zeit bedrängt: die wahre Beziehung von Mensch zu Mensch.

Les temps modernes. Januar 1952

JEAN COCTEAU

Sade ist ein Philosoph und auf seine Art ein Moralist.

L'affaire Sade. 1957

LUDWIG MARCUSE

Der gefährliche Denker Sade läßt sich in seiner wütenden Sexualität am leichtesten treffen. Das erspart aller Welt, diesen unbequemsten aller Enzyklopädisten, zu denen ich ihn rechnen würde, ernst zu nehmen. Wahrscheinlich hat aber niemand (von Kant bis Sartre) die Problematik der Freiheitssucht so offenbar gemacht wie dieser Mann, dessen «Genie» und Schicksal (wie André Breton meint) ihn zu jenen Exzessen der Phantasie getrieben hat, die oft schwer zu ertragen, noch öfter langweilig... und dennoch ehrfurchtgebietend sind: in der Umwandlung einer Passion in Kritik und in die erhabene Donquichotterie der (wörtlich genommenen) Autonomie.

Norman Gear, Dämon Marquis de Sade. 1964

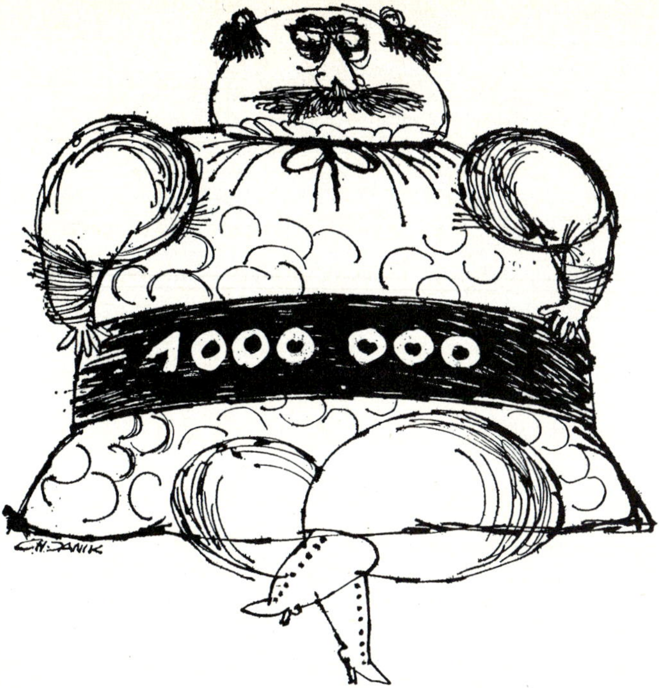

Geizkragen, Habenichtse, Neureiche, Steuereinnehmer,
Beutelschneider, Schotten und andere Leute . . .

... denen man ein eigenartiges Verhalten zu Geld und Gut unterstellt, sind häufig Gegenstand von Witzen. Der Sparsame dagegen – wohlgemerkt: nicht der Geldgierige und nicht der Pfennigfuchser, sondern der ganz normale Sparer – eignet sich nicht zur Witzfigur. Ebensowenig wie der fleißige Arbeiter etwa, die tüchtige Hausfrau. Ihnen fehlt das Schrullige, das Unnormale, das Außergewöhnliche.

Jedoch hat der Witz die Objekte des Sparens erfaßt. So lebt eine ganze Witzsammlung allein aus dem Sinngegensatz von Pfandschein (der Quittung eines Leihhauses) und Pfandbrief (dem festverzinslichen Wertpapier).

«K. soll seinem Sohn für 200 000 Mark Pfandbriefe hinterlassen haben!»

«So? – Und ich hielt ihn immer für ehrenwert!»

BIBLIOGRAPHIE

Von den Schriften de Sades werden nur die gedruckt vorliegenden Werke aufgeführt, jedoch nicht in der Chronologie ihrer Veröffentlichung, sondern in der Reihenfolge ihrer Entstehung. Es wird jeweils die erste Publikation angegeben und – soweit vorhanden – eine neuere Einzelausgabe. Außerdem wird der Band der «Œuvres complètes» genannt, in dem das betreffende Werk enthalten ist (Sigle: O. C.). Anschließend folgt die Angabe der deutschen Übersetzung (Sigle für «Ausgewählte Werke»: A. W.). Zusammenstellungen der zahlreichen unedierten Manuskripte de Sades finden sich in den unten genannten Bibliographien von Lely. – Vom Sekundärschrifttum wird neben einigen historisch interessanten älteren Darstellungen die wichtigste neuere Buch- und Zeitschriftenliteratur berücksichtigt. Dabei wird allerdings auf die Einzelaufführung etlicher Aufsätze von Gilbert Lely, die später in seine zweibändige Biographie eingingen, im allgemeinen verzichtet. Auch die Einleitungen und Vorworte zu den Einzel- und Auswahlausgaben der Werke de Sades werden nicht gesondert verzeichnet. In diesem Zusammenhang sei besonders auf die umfangreichen Einführungen in den «Œuvres complètes» hingewiesen, die – von den Hauptvertretern der modernen französischen Sade-Forschung verfaßt – eine wesentliche Ergänzung zu der stoffreichen Monographie von Lely bilden.

1. Bibliographien, Forschungsberichte

DÜHREN, EUGEN [d. i. Ivan Bloch]: Bibliographie. In: Dühren, Der Marquis de Sade und seine Zeit. 3. Aufl. Berlin 1901. S. 507–527

APOLLINAIRE, GUILLAUME: Essai bibliographique sur les œuvres du marquis de Sade. In: L'œuvre du marquis de Sade. Pages choisies. Paris 1909. (Les maîtres de l'amour) S. 57–67

LELY, GILBERT: Répertoire des œuvres du marquis de Sade suivi d'un tableau synoptique. In: Revue des sciences humaines 1953, S. 133–147

LELY, GILBERT: Répertoire des ouvrages du marquis de Sade. In: Lely, Vie du marquis de Sade, avec un examen de ses ouvrages. Bd. 2. Paris 1957. S. 677–685 – Neuausg. Paris 1962. (Œuvres complètes du marquis de Sade. 2) S. 653–663

RYLAND, HOBART: Recent developments in research on the Marquis de Sade. In: French review 25 (1951/52), S. 10–15

BATAILLE, GEORGES: Sade (1740–1814). In: Critique 9 (1953), S. 989–996

FOWLER, ALBERT: The Marquis de Sade in America. In: Books abroad 31 (1957), S. 353–356

2. Werke

I. Gesamtausgabe

Œuvres complètes. Édition définitive. Édition établie sur les originaux imprimés ou manuscrits, accompagnée d'études de plusieurs écrivains (ANTOINE ADAM, GEORGES BATAILLE, MAURICE BLANCHOT, JEAN-JACQUES BROCHIER, JEAN FABRE, MAURICE HEINE, A. HESNARD, PIERRE KLOSSOWSKI, GILBERT LELY, PIERRE NAVILLE, HENRI PASTOUREAU, GAËTAN PICON, CAMILLE SCHUWER) et précédée de la vie de l'auteur, avec un examen de ses ouvrages, par GILBERT LELY. 15 Bde. Paris (Cercle du livre précieux) 1962–1964

II. Auswahlausgaben

L'œuvre. Pages choisies. Comprenant des morceaux inédits et des lettres publiées pour la première fois, tirées des Archives de la Comédie-Française. Introduction, essai bibliographique et notes par Guillaume Apollinaire. Paris (Bibliothèque des curieux) 1909. 326 S., Taf. (Les maîtres de l'amour)

Œuvres choisies et pages magistrales. Publiées, commentées et annotées par Maurice Heine. Bd. 1. Paris (Éditions du Trianon) 1933. LXXVII, 254 S. [Mehr nicht erschienen.]

Œuvres. Textes choisis par Maurice Nadeau et précédés d'un essai: Exploration de Sade. Paris (La jeune parque) 1947. 421 S. (Le cheval parlant. 3)

Morceaux choisis, publiés avec un prologue, une introduction et un poème, un aide-mémoire biographique, une bibliographie, treize documents hors-texte et deux lettres inédites du marquis par Gilbert Lely. Paris (Seghers) 1948. LXI, 159 S., Taf.

Œuvres. Introduction de Jean-Jacques Pauvert. Suivi d'un essai sur Sade par Maurice Blanchot. Paris (Club français du livre) 1953. 747 S. (Classiques. 40) – Neuausg. Suivi d'un essai sur Sade par Pierre Klossowski. 1960. 739 S.

Ausgewählte Werke. Hg. von Marion Luckow. 3 Bde. Hamburg (Merlin Verlag) 1962–1965

III. Einzelne Werke

a) Romane

Les 120 journées de Sodome ou l'école du libertinage. Publié pour la première fois d'après le manuscrit original par Eugen Dühren [d. i. Ivan Bloch]. Paris (Club des bibliophiles) 1904 [Fehlerhafte Ausg.] – Neuausg. Édition critique établie sur le manuscrit original autographe par Maurice Heine. 3 Bde. Paris (S. et C.) 1931–1935 – Neudruck. Sceaux (Pauvert) 1953 – In: O. C. Bd. 13

Dt.: Die hundertzwanzig Tage von Sodom oder die Schule der Ausschweifung. Übers. von Karl von Haverland. 2 Bde. Leipzig 1909 (Privatdruck) – Die 120 Tage von Sodom oder die Schule der Libertinage. [Gekürzt.] Übers. von P. M. Ladiges. In: A. W. Bd. 1

Les infortunes de la vertu. [«Justine», 1. Fassung.] Texte établi sur le manuscrit original autographe et publié pour la première fois avec une introduction par Maurice Heine. Paris (Éditions Fourcade) 1930 – Neuausg. Avec une notice de Maurice Heine, une bibliographie de Robert Valençay et une introduction par Jean Paulhan. Paris (Éditions du point du jour) 1946 – Neudruck. Sceaux (Pauvert) 1954 – In: O. C. Bd. 14

Dt.: Das Mißgeschick der Tugend. Übers. von Katarina Hock. In: A. W. Bd. 1 – Einzelausg. Hamburg (Merlin Verlag) 1963 – Justine. Übers. von Christian Barth. München (Kindler) 1964

Justine ou les malheurs de la vertu. [«Justine», 2. Fassung.] 2 Bde. Paris (Girouard) 1791 – Neuausg. Préface de Georges Bataille. Paris (Presses du livre français) 1950 – Neudruck. Paris (Pauvert) 1958 – In: O. C. Bd. 3

Dt.: Justine oder das Unglück der Tugend. [Auszüge.] Übers. von Katarina Hock. In: A. W. Bd. 2 – Vgl. auch Übers. zu: La nouvelle Justine.

Aline et Valcour ou le roman philosophique. 8 Bde. Paris (Girouard) 1793 – Neuausg. Préface de JEAN PAULHAN. 4 Bde. Paris (Pauvert) 1955 – In: O. C. Bd. 4–5
Dt.: Aline und Valcour oder der philosophische Roman. [Gekürzt.] Übers. von Hannelore Wichmann. In: A. W. Bd. 2 – Einzelausg. [Ungekürzt.] Hamburg (Merlin Verlag) 1963
Un passage inédit d'Aline et Valcour. In: O. C. Bd. 11

Histoire de Juliette ou les prospérités du vice. 6 Bde. Paris (Massé) 1796 – Vgl. dazu folgenden Titel.

La nouvelle Justine ou les malheurs de la vertu [«Justine», 3. Fassung], suivie de l'histoire de Juliette, sa sœur. 10 Bde. Paris (Massé) 1797 – Neuausg. Sceaux (Pauvert) 1953–1954 – In: O. C. Bd. 6–9
Dt. Auszüge: Justine und Juliette. Übers. von René Leukh. 2 Bde. Berlin (Verlag der Bibliophilen) 1904 – Justine und Juliette. Die Leiden der Tugend und die Wonnen des Lasters. Übers. von Raoul Haller. 4 Bde. o. O. 1905 (Privatdruck) – Die Geschichte der Justine oder die Nachteile der Tugend. Die Geschichte der Juliette oder die Vorteile des Lasters. Übers. von Martin Isenbiel [d. i. Richard Fiedler]. 2 Bde. Wien 1906 (Privatdruck) – Die neue Justine oder das Unglück der Tugend. Übers. von Katarina Hock. Die Geschichte von Juliette oder das Glück des Lasters. Übers. von Helge Koch. In: A. W. Bd. 3

La marquise de Gange. 2 Bde. Paris (Béchet) 1813 – Neuausg. Texte conforme à l'édition unique de 1813. Avant-propos de GILBERT LELY. Paris (Amiot) 1957 – In: O. C. Bd. 11
Dt.: Die Marquise von Gange. Übers. von Helge Koch. Hamburg (Merlin Verlag) 1965 – Auszug in: A. W. Bd. 3

Adélaïde de Brunswick, princesse de Saxe. In: O. C. Bd. 15 – Erstausg. in engl. Übers.: Adelaide of Brunswick. Transl. by Hobart Ryland from an unpublished manuscript recently discovered. Washington (Scarecrow press) 1954

Histoire secrète d'Isabelle de Bavière, reine de France. Publiée pour la première fois sur le manuscrit autographe inédit avec un avant-propos par GILBERT LELY. Paris (Gallimard) 1953 – Neuausg. mit neuem Vorwort: Avant-propos de GILBERT LELY. Paris (Club français du livre) 1964 – In: O. C. Bd. 15

b) Erzählungen

Les crimes de l'amour. Nouvelles héroïques et tragiques. 4 Bde. Paris (Massé) 1800 – Neuausg. 3 Bde. Paris (Pauvert) 1955 – In: O. C. Bd. 10
Dt.: Verbrechen der Liebe. Eine Reihe heroisch-tragischer Gemälde. [Auswahl.] 2 Bde. Leipzig (Rein) 1803 – Verbrechen der Liebe. [Auswahl.] Übers. von Katarina Hock, Manfred Unruh. Hamburg (Merlin Verlag) 1962 – In: A. W. Bd. 1 und 2 – Verbrechen der Liebe. Ausgewählte Erzählungen. Übers. von Christian Barth. München (Kindler) 1964 (Kindler Taschenbücher. 46)

Dorci ou la bizarrerie du sort. Conte inédit, publié sur le manuscrit avec une notice sur l'auteur. [Von ANATOLE FRANCE.] Paris (Charavay) 1881 – Wiederabdruck in: Historiettes, contes et fabliaux. Paris (Pauvert) 1957 – In: O. C. Bd. 14

Historiettes, contes et fabliaux. Publiés pour la première fois sur les manuscrits autographes inédits par MAURICE HEINE. Paris (Société du roman philosophique) 1926 – Neuausg. Les crimes de l'amour. I. Historiettes, contes et fabliaux. Paris (Sagittaire) 1950 – Historiettes, contes et fabliaux. Paris (Pauvert) 1957 – In: O. C. Bd. 14

Dt.: Erzählungen und Schwänke eines provenzalischen Troubadours aus dem 18. Jahrhundert. [Auswahl.] Übers. von Gisela Ahrens, Katarina Hock, Manfred Unruh. In: A. W. Bd. 1 – Erw. Einzelausg. Hamburg (Merlin Verlag) 1963 – Die Kastanienblüte und andere Erzählungen. Übers. von Christian Barth. München (Kindler) 1964 (Kindler Taschenbücher. 60)

Séide. Conte moral et philosophique. (Projet.) In: Cahiers personnels (1803–1804), publiés... par GILBERT LELY. Paris (Corrêa) 1953 – In: O. C. Bd. 14

c) Theaterstücke

Sujet de Zélonide. [Handlungsskizze des späteren, unveröffentlichten Stükkes «Sophie et Desfrancs».] Publié par MAURICE HEINE. In: Minotaure Nr. 1, Febr. 1933 – Wiederabdruck in: MAURICE HEINE, Le marquis de Sade. Paris (Gallimard) 1950 – In: O. C. Bd. 14

Dt.: Zélonide. Übers. von Manfred Unruh. In: A. W. Bd. 1

Le prévaricateur. [Kurzer Auszug.] In: GILBERT LELY, Vie du marquis de Sade. Bd. 2. Paris (Gallimard) 1957 – In: O. C. Bd. 2

Jeanne Laisné ou le siège de Beauvais. [Kurzer Auszug.] In: GILBERT LELY, Vie du marquis de Sade. Bd. 2. Paris (Gallimard) 1957 – In: O. C. Bd. 2

Le boudoir ou le mari crédule. [Kurzer Auszug.] In: GILBERT LELY, Vie du marquis de Sade. Bd. 2. Paris (Gallimard) 1957 – In: O. C. Bd. 2

Le suborneur. [Kurzer Auszug.] In: GILBERT LELY, Vie du marquis de Sade. Bd. 2. Paris (Gallimard) 1957 – In: O. C. Bd. 2

Oxtiern ou les malheurs du libertinage. Versailles (Blaizot) 1800 – Neuausg. Sceaux (Palimugre) 1948 – Wiederabdruck in: Écrits politiques suivis de Oxtiern. Paris (Pauvert) 1957 – In: O. C. Bd. 11

Dt.: Oxtiern oder die Widerwärtigkeiten der Libertinage. Übers. von Gisela Ahrens. In: A. W. Bd. 2

d) Verschiedenes

Étrennes philosophiques. (Lettre à Mlle de Rousset.) In: Mon arrestation du 26 août. [Hg. von GILBERT LELY.] Paris (Hugues) 1959 – In: O. C. Bd. 14

Dt.: Philosophischer Gruß zum neuen Jahr. Übers. von P. M. Ladiges. In: A. W. Bd. 1

Dialogue entre un prêtre et un moribond. Publié pour la première fois sur le manuscrit autographe inédit, avec un avant-propos et des notes par MAURICE HEINE. Paris (Stendhal) 1926 – Neuausg. Paris (Presses littéraires de France) 1949 – Wiederabdruck in: Dialogue entre un prêtre et un moribond, suivi d'une Pensée. Sceaux (Pauvert) 1953 – In: O. C. Bd. 14

Dt.: Gespräch zwischen einem Priester und einem Sterbenden. Übers. von Manfred Unruh. In: A. W. Bd. 1

Pensée. Publiée par MAURICE HEINE. In: Le surréalisme au service de la révolution Nr. 2, Okt. 1930 – Wiederabdrucke in: MAURICE HEINE, Le marquis de Sade. Paris (Gallimard) 1950 – In: Dialogue entre un prêtre et un moribond, suivi d'une Pensée. Sceaux (Pauvert) 1953 – In: O. C. Bd. 14

Dt.: Reflexion. Übers. von Rolf Busch. In: A. W. Bd. 1

La vérité. Poème inédit, publié sur le manuscrit autographe par Gilbert Lely. Paris (Pauvert) 1961 – In: O. C. Bd. 14

Dt.: Die Wahrheit. Übers. von Werner Bollkämper. In: A. W. Bd. 1

[Opuscules politiques.] 1791–1793 – Neuausg.: Écrits politiques suivis de Oxtiern. Paris (Pauvert) 1957 – In: O. C. Bd. 11

Dt.: Politische Schriften. [Auswahl.] Übers. von Katarina Hock, Manfred Unruh. In: A. W. Bd. 2

Cent onze notes pour la nouvelle Justine. Paris 1956 (Le terrain vague. 4)

Dt.: Hundertelf Notizen zur neuen Justine. Übers. von Katarina Hock. In: A. W. Bd. 3

La philosophie dans le boudoir (ou les instituteurs immoraux). 2 Bde. Londres 1795 – Neuausg. Sceaux (Pauvert) 1953 – In: O. C. Bd. 3

Dt.: Die Philosophie im Boudoir oder spezielle Unterweisung in der Liebes-Philosophie und der höheren und raffinierten geschlechtlichen Wollust. Übers. von Armin Schwarz. Budapest 1907 (Privatdruck) – Die Philosophie im Boudoir oder die lasterhaften Lehrmeister. [Auszüge.] Übers. von Rolf Busch. In: A. W. Bd. 3 – Im Namen der Republik. Flugschrift. [Auszug.] Übers. von Joachim Klünner. Wiesbaden (Limes-Verlag) 1961

Idée sur les romans. In: Les crimes de l'amour. Bd. 1. Paris (Massé) 1800 – Einzelausg. Publiée avec préface, notes et documents inédits par Octave Uzanne. Paris (Rouveyre) 1878 – Neuausg. Sceaux (Palimugre) 1948 – In: O. C. Bd. 10

Dt.: Gedanken zum Roman. Übers. von Jörg Joost. In: A. W. Bd. 3

Projet d'avertissement de l'auteur pour le recueil primitif de ses contes et nouvelles. In: Œuvres choisies et pages magistrales. Publiées par Maurice Heine. Paris (Éditions du Trianon) 1933 – Wiederabdruck in: Maurice Heine, Le marquis de Sade. Paris (Gallimard) 1950 – In: O. C. Bd. 10

L'auteur des Crimes de l'amour à Villeterque, folliculaire. Paris (Massé) 1800 – Wiederabdruck in: Les crimes de l'amour. Sceaux (Pauvert) 1952 – In: O. C. Bd. 10

Notes pour Les journées de Florbelle ou la nature dévoilée. In: O. C. Bd. 15

3. Lebenszeugnisse und dokumentarische Abhandlungen zur Biographie

Correspondance inédite du marquis de Sade, de ses proches et de ses familiers, publiée avec une introduction, des annales et des notes par Paul Bourdin. Paris (Librairie de France) 1929. XLIX, 451 S.

L'aigle, Mademoiselle . . . Lettres publiées pour la première fois sur les manuscrits autographes inédits avec une préface et un commentaire par Gilbert Lely. Paris (Artigues) 1949. XLVIII, 222 S.

Le carillon de Vincennes. Lettres inédites, publiées avec des notes par Gilbert Lely. Paris (Arcanes) 1953. 106 S. (Humour noir. 5)

Monsieur le 6. Lettres inédites (1778–1784), publiées et annotées par Georges Daumas. Avant-propos de Gilbert Lely. Paris (Julliard) 1954. 286 S.

Lettres choisies. Préface de Gilbert Lely. Paris (Pauvert) 1963. 269 S.

Correspondance. 1759–1814. Préface et postface de Gilbert Lely. Paris (Cercle du livre précieux) 1964. XIII, 653 S., Taf. (Œuvres complètes du marquis de Sade. 12)

Inédits. (Lettres, documents etc.) In: Gilbert Lely, Vie du marquis de

Sade. 2 Bde. Paris (Gallimard) 1952–1957 – Neuausg. 1962 (Œuvres complètes du marquis de Sade. 1. 2)

Cahiers personnels (1803–1804), publiés pour la première fois sur les manuscrits autographes inédits avec une préface et des notes par GILBERT LELY. Paris (Corrêa) 1953. 130 S. – U. d. T.: Notes littéraires. In: O. C. Bd. 15. S. 13–38

Dt.: Persönliche Notizhefte. Übers. von Manfred Unruh. In: A. W. Bd. 3

Mon arrestation du 26 août. Lettre inédite, suivie des Étrennes philosophiques. [Hg. von GILBERT LELY.] Paris (Hugues) 1959 (Le cri de la fée. 3)

Briefe. Ausgewählt und mit einem Vorwort hg. von GILBERT LELY. Übers. von Hilda von Born-Pilsach. Düsseldorf (Rauch) 1962. 237 S. – Lizenzausg. Frankfurt a. M. (Fischer Bücherei) 1965. 155 S. (Fischer Bücherei. 658)

Briefe und Dokumente. Übers. von Rolf Busch, Katarina Hock, Katharina Hoke, Werner Kleinhardt, Anke Ladiges, P. M. Ladiges, Marianne Reichel. In: A. W. Bd. 1–3

RAMON, L.-J.: Notes sur Monsieur de Sade. (1867.) In: Sade, Cahiers personnels (1803–1804), publiés ... par GILBERT LELY. Paris 1953. S. 105–122 – In: O. C. Bd. 15. S. 39–47

D. A. F. Marquis de Sade, Aline et Valcour. Paris: 1793. In: Vierteljahrsschrift für angewandte Bücherkunde 1 (1918), S. 154–158 mit 1 Faks.

GINISTY, PAUL: La marquise de Sade. Paris 1901. 226 S.

HEINE, MAURICE: Le marquis de Sade et Rose Keller ou l'affaire d'Arcueil devant le parlement de Paris. In: Annales de médecine légale, de criminologie et de police scientifique 13 (1933), S. 309–366; 434–437 – Wiederabdruck in: Heine, Le marquis de Sade. Paris 1950. S. 155–210

HEINE, MAURICE: L'affaire des bonbons cantharidés du marquis de Sade. In: Hippocrate 1 (1933), S. 95–133 – Wiederabdruck in: Heine, Le marquis de Sade. Paris 1950. S. 120–154

SÉRIEUX, PAUL: L'internement du marquis de Sade au Château de Miolans. In: Hippocrate 5 (1937), S. 385–401; 465–482

LELY, GILBERT: La jalousie conjugale du marquis de Sade. In: Les lettres nouvelles 4,I (1956), S. 674–682

OLIVER, A. RICHARD: Charles Nodier and the Marquis de Sade. In: Modern language notes 75 (1960), S. 497–502

4. *Gesamtdarstellungen und Biographien*

DÜHREN, EUGEN [d. i. Ivan Bloch]: Der Marquis de Sade und seine Zeit. Ein Beitrag zur Kultur- und Sittengeschichte des 18. Jahrhunderts. Mit besonderer Beziehung auf die Lehre von der Psychopathia Sexualis. Leipzig 1900. 502 S. (Studien zur Geschichte des menschlichen Geschlechtslebens. 1) – 3. vollst. durchges. und verm. Aufl. Berlin 1901. X, 537 S.

DÜHREN, EUGEN [d. i. Ivan Bloch]: Neue Forschungen über den Marquis de Sade und seine Zeit. Mit besonderer Berücksichtigung der Sexualphilosophie de Sade's auf Grund des neuentdeckten Original-Manuskriptes seines Hauptwerkes «Die 120 Tage von Sodom». Mit mehreren bisher unveröffentlichten Briefen und Dokumenten. Berlin 1904. XXXII, 488 S.

D'ALMÉRAS, HENRI: Le marquis de Sade, l'homme et l'écrivain. Paris 1906

DAWES, C. R.: The Marquis de Sade. His life and works. London 1927. 240 S.

Béliard, Octave: Le marquis de Sade. Paris 1928. 318 S. (Les vies en marge)
Flake, Otto: Marquis de Sade. Mit einem Anhang über Rétif de la Bretonne. Berlin 1930. 273 S.
Gorer, Geoffrey: The revolutionary ideas of the Marquis de Sade. London 1934. 264 S. – Veränd. Neuaufl. u. d. T.: The life and ideas of the Marquis de Sade. London 1953. 244 S. – Dt.: Marquis de Sade. Schicksal und Gedanke. Wiesbaden 1959. 300 S.
Desbordes, Jean: Le vrai visage du marquis de Sade. Avec 60 documents inédits. Paris 1939. 341 S., 46 Abb.
Heine, Maurice: Vie de Sade. Fragments inédits. In: Heine, Le marquis de Sade. Paris 1950. S. 299–379
Serra, Dante: L'avventurosa vita del marchese de Sade. Milano 1950. 304 S., Abb.
Lely, Gilbert: Vie du marquis de Sade, avec un examen de ses ouvrages. 2 Bde. Paris 1952–1957. 537; 716 S. – Verb. und erw. Neuausg. Postface d'Yves Bonnefoy. Paris 1962. XVI, 657; 695 S., Taf. (Œuvres complètes du marquis de Sade. 1. 2) – Dt. Teilübers.: Leben und Werk des Marquis de Sade. Düsseldorf 1961. 464 S., 12 Taf.
Meurling, Per: Don gåtfulle markis de Sade. Stockholm 1956. 203 S.
Luckow, Marion: Biographie. In: Sade, Ausgewählte Werke. Hg. von Marion Luckow. Hamburg 1962–1965. Bd. 1, S. 23–58; Bd. 2, S. 9–40; Bd. 3, S. 9–31
Gear, Norman: The divine demon. A portrait of the Marquis de Sade. London 1963. 223 S. – Franz.: Sade, de divin démon. Paris 1964. 232 S. – Dt.: Dämon Marquis de Sade. Eine Biographie. Mit einem Vorwort von Ludwig Marcuse. München 1964. 231 S.

5. *Würdigungen*

Michaud, Louis-Gabriel: Sade. In: Biographie universelle, ancienne et moderne. Bd. 37. Paris 1825. S. 219–224
Janin, Jules: Le marquis de Sade. In: Revue de Paris 11 (1834), S. 321–360 – Wiederabdruck in: Janin, Les catacombes. Bd. 1. Paris 1839 – Gekürzter Wiederabdruck in: Janin, Le livre. Paris 1870. S. 279–292 – Dt.: Der Marquis de Sade. Leipzig 1835
[Brunet, Pierre Gustave:] Le marquis de Sade. L'homme et ses écrits. Étude bio-bibliographique. Bruxelles 1866. 72 S. – Erw. Wiederabdruck in: Sade, Les crimes de l'amour. Bruxelles 1881. S. 155–264
[Henry, Charles:] La vérité sur le marquis de Sade. Paris 1887
Eulenburg, Albert: Der Marquis de Sade. In: Die Zukunft 26 (1899), S. 497–515
Cabanès, Auguste: La prétendue folie du marquis de Sade. In: Cabanès, Le cabinet secret de l'histoire. Sér. 4. Paris 1900. S. 259–320 – U. d. T.: La folie du «divin marquis». In: Cabanès, Le cabinet secret de l'histoire. Sér. 3. Nouv. éd. Paris 1920. S. 305–372
Haas, J.: Über die Justine und die Juliette des Marquis de Sade. In: Zeitschrift für französische Sprache und Litteratur 22 (1900), S. 282–296
Henriot, Émile: La vraie figure du marquis de Sade. In: Temps 1930 – Wiederabdruck in: Henriot, Courrier littéraire. XVIIIe siècle. Bd. 2. Paris 1945. S. 185–192 – Neuaufl. 1962. S. 308–314
d'Astorg, Bertrand: Introduction au monde de la terreur. Paris 1945. 125 S. [Über de Sade: S. 25–33]
Picon, Gaëtan: Sade et l'indifférence. In: Fontaine 62 (1946/47), S. 646

-654 – Wiederabdruck in: Picon, L'usage de la lecture. Paris 1960. S. 55–64

Bataille, Georges: Le secret de Sade. In: Critique 3 (1947), S. 147–160; 304–312

Traz, Robert de: Sade l'inhumain. In: Revue de Paris 55 (1948), Nr. 7, S. 124–129

Jean, Marcel, und Arpad Mezei: Sade, l'homme. Sade, le poète et le savant. In: Jean und Mezei, Genèse de la pensée moderne dans la littérature française. Paris 1950. (Le chemin de la vie) S. 29–42

Camus, Albert: Un homme de lettres. In: Camus, L'homme révolté. Paris 1951. S. 55–67 – Dt.: Ein Literat. Über den Marquis de Sade. In: Merkur 6,I (1952), S. 454–464 – Neuübers.: Ein Literat. In: Camus, Der Mensch in der Revolte. Essays. Hamburg 1953. S. 41–52 – Veränd. Übers.: Ein Schriftsteller. In: Camus, Der Mensch in der Revolte. Essays. 5.–8. Tsd. Hamburg 1958. S. 42–53

Paulhan, Jean: Le marquis de Sade et sa complice ou les revanches de la pudeur. Paris 1951. 130 S.

Beauvoir, Simone de: Faut-il brûler Sade? In: Les temps modernes 7 (1951/52), S. 1002–1033; 1197–1230 – Wiederabdruck in: Beauvoir, Privilèges. Paris 1955. (Les essais. 76) S. 9–89 – Dt.: Soll man de Sade verbrennen? In: Beauvoir, Soll man de Sade verbrennen. Drei Essays zur Moral des Existentialismus. München 1964. S. 7–84

Carrouges, Michel: Vers le secret de Sade. In: Paru 9 (1953), Nr. 72, S. 71–78

Taylor, Robert Edward: The SEXpressive S in Sade and Sartre. In: Yale French studies 11 (1953), S. 18–24

Wilson, Edmund: The vogue of the Marquis de Sade. In: Wilson, Eight essays. Garden City, New York 1954. S. 167–180

Bataille, Georges: Sade. In: Bataille, La littérature et le mal. Paris 1957. S. 109–138

Dupé, Gilbert: Le marquis de Sade. In: Les œuvres libres NS. 136 (1957), S. 27–76

Leyser, Hans: Sade – oder der andere Florestan. Eine Skizze zur Tragikomödie der Intelligenz. In: Antaios 2 (1961), S. 515–526

6. Untersuchungen

a) Allgemeines

Marciat [d. i. C. Tournier]: Le marquis des Sade et le sadisme. In: Alexandre Lacassagne, Vacher l'éventreur et les crimes sadiques. Lyon 1899. S. 185–237

Jacobus X.: Le marquis de Sade et son œuvre devant la science médicale et la littérature moderne. Paris 1901

Heine, Maurice: La conception romanesque chez le marquis de Sade. (Conférence inédit. 1923.) In: Heine, Le marquis de Sade. Paris 1950. S. 281–298

Summers, Montague: The Marquis de Sade. A study in algolagnia. In: British Society for the study of sex psychologie 1920 – Wiederabdruck in: Summers, Essays in petto. London 1928. S. 77–99

Sarfati, Salvator: Essai médico-psychologique sur le marquis de Sade. Diss. Lyon 1930. 187 S.

Heine, Maurice: Le marquis de Sade et le roman noir. In: Nouvelle revue française 41 (1933), S. 190–206 – Wiederabdruck in: Heine, Le marquis de Sade. Paris 1950. S. 211–231

KLOSSOWSKI, PIERRE: Éléments d'une étude psychanalytique sur le marquis de Sade. In: Revue française de psychanalyse 6 (1933), S. 458–474

JAVELIER, ANDRÉ-EUGÈNE-FRANÇOIS-PAUL: Le marquis de Sade et les «Cent-vingt journées de Sodome» devant la psychiatrie et la médecine légale. Diss. Paris 1937. 81 S.

BLANCHOT, MAURICE: Quelques remarques sur Sade. In: Critique 2 (1946), S. 239–249

BLANCHOT, MAURICE: À la rencontre de Sade. In: Les temps modernes 3 (1947/48), S. 577–612 – Wiederabdruck in: Blanchot, Lautréamont et Sade. Paris 1949. (Propositions. 6) S. 215–265 – Engl: Marquis de Sade. In: Horizon 20 (1949/50), S. 423–452 – Dt.: Sade. Berlin 1963. 65 S. (Das neue Lot. 10)

KLOSSOWSKI, PIERRE: Sade, mon prochain. Paris 1947. 207 S. (Pierres vives)

AULAGNE, LOUIS-JEAN: Sade ou l'apologétique à l'envers. In: Psyché 3 (1948), S. 1245–1264

HEINE, MAURICE: Le marquis de Sade. Texte établi et préfacé par GILBERT LELY. Paris 1950. 382 S.

CLEUGH, JAMES: The Marquis and the Chevalier. A study in the psychology of sex as illustrated by the lives and personalities of the Marquis de Sade, 1740–1814, and the Chevalier von Sacher-Masoch, 1836–1905. London, New York 1951. 255 S.

MARCHAND, MAX: Du marquis de Sade à André Gide. Essai de critique psychopathologique et psychosexuelle. Oran 1956. 145 S.

HABERT, GABRIEL: Le marquis de Sade auteur politique. In: Revue internationale d'histoire politique et constitutionelle NS. 7 (1957), S. 147–213

DRUMMOND, WALTER: Philosopher of evil. Evanston, Ill. 1962. 158 S.

LUCKOW, MARION: Sade. In: Luckow, Die Homosexualität in der literarischen Tradition. Studien zu den Romanen von Jean Genet. Stuttgart 1962. (Beiträge zur Sexualforschung. 26) S. 6–11

b) Zu einzelnen Werken

HORKHEIMER, MAX, und THEODOR W. ADORNO: Juliette oder Aufklärung und Moral. In: Horkheimer und Adorno, Dialektik der Aufklärung. Philosophische Fragmente. Amsterdam 1947. S. 100–143

COTTEZ, HENRI: Le livre du jour: Justine ou les malheurs de la vertu. In: Mercure de France 309 (1950), S. 567–572

PETRICONI, HELLMUTH: Laclos und Sade. [«Justine».] In: Petriconi, Die verführte Unschuld. Bemerkungen über ein literarisches Thema. Hamburg 1953. (Hamburger romanistische Studien. A, 38) S. 72–98

LELY, GILBERT: Sade a-t-il été jaloux de Laclos? [«Plan d'un roman en lettres», 1803/04.] In: Nouvelle nouvelle revue française 1,I (1953), S. 1124–1129

LELY, GILBERT: Introduction aux 120 journées de Sodome. In: Mercure de France 331 (1957), S. 497–504

LELY, GILBERT: Une supercherie littéraire de Sade. Isabelle de Bavière. In: Mercure de France 340 (1960), S. 476–488

LUCKOW, MARION: [Kommentare zu den einzelnen Werken.] In: Sade, Ausgewählte Werke. Hg. von MARION LUCKOW. Bd. 1–3. Hamburg 1962–1965

c) Zur Wirkung

PRAZ, MARIO: La carne, la morte e il diavolo nella letteratura romantica. Milano 1930. X, 505 S., Taf. – 3. Aufl. Firenze 1948. XXIII, 535 S., Taf. – Dt.: Liebe, Tod und Teufel. Die schwarze Romantik. München 1963. 464 S., 24 Taf.

GAUDON, JEAN: Lamartine lecteur de Sade. In: Mercure de France 343 (1961), S. 420–438

BLIN, GEORGES: Le sadisme de Baudelaire. Paris 1948. 192 S.

L'affaire Sade. Compte rendu exact du procès intenté par le Ministère public aux Éditions Jean-Jacques Pauvert contient notamment les témoignages de GEORGES BATAILLE, ANDRÉ BRETON, JEAN COCTEAU, JEAN PAULHAN et le texte intégral de la plaidoirie prononcée par MAURICE GARÇON. Paris 1957. 137 S.

THODY, PHILIP: The case of the Marquis de Sade. In: Twentieth century 162 (1957), S. 41–52 – Dt.: Der Marquis de Sade. Im Urteil der Literaturkritik und der Justiz. In: Der Monat 10 (1957/58), H. 113, S. 26–32

WEBER, WERNER: Erbstücke. In: Weber, Zeit ohne Zeit. Aufsätze zur Literatur. Zürich 1959. S. 126–132

NACHTRAG ZUR BIBLIOGRAPHIE

Eine Auswahl an Sekundärliteratur

1. Bibliographien, Forschungsberichte

CERRUTI, GIORGIO: Il marchese di Sade. La sua recente fortuna e gli ultimi studi critici (1958–1968). In: Studi francesi 13 (1969), S. 420–441

CHANOVER, E. PIERRE: The Marquis de Sade. A Bibliography. Metuchen, N. J. 1973

Colloques d'Aix-en-Provence sur Sade, 19/20 février 1966. Paris 1968

DEPRUN, JEAN: Quand Sade récrit Fréret, Voltaire et d'Holbach. In: Roman et lumière au XIIIe siècle. Colloque sous la présidence de W. Krauss ... Paris 1970, S. 331–340

LABORDE, ALICE M.: Sade, romancier. Neuchatel 1974 [Bibliographie: S. 171–192]

LELY, GILBERT: Sade. Etudes sur sa vie et sur son œuvre. Paris 1967 [Bibliographie: S. 361–375]

LEVY, GILBERT, UND DAUMAS, GEORGES (Hg.): Marquis de Sade. Voyage d'Italie. Paris 1967 [Bibliographie: S. 627–656, 427 Titel chronologisch geordnet]

2. Gesamtdarstellungen und Biographien

BARTHES, ROLAND: Der Baum des Verbrechens. Reflexionen über das Werk de Sade. In: Neue Rundschau 80 (1969), S. 32–49

BERMAN, LORNA: The Thought and themes of the Marquis de Sade. Kitchener, Ont. 1971

BROCHIER, JEAN-JACQUES: Le marquis de Sade et la conquête de l'unique. Paris 1966

CLAUDE, CATHERINE: Une lecture de femme. In: Europe 50 (1972), H. 522, S. 64–70

DIDIER, BEATRICE: Sade dramaturge des ses «carceri». In: La nouvelle revue française 1970, 216, S. 72–80

DRACH, ALBERT: In Sachen de Sade. Nach dessen urschriftlichen Texten und denen seiner Kontaktpersonen. Düsseldorf 1974

DUMAS, FRANÇOISE R.: Le Marquis de Sade et la liberation des sexes. Paris 1974

DELON, MICHEL: Sade, mâitre d'agression. In: Europe 50 (1972), H. 522, S. 123–127

GOULEMOT, JEAN MARIE: «Divin Marquis» ou object d'études? In: Revue des sciences humaines N. S. 1966, Fasc. 124, S. 413–421

HAMPSHIRE, STUART: Sade. In: HAMPSHIRE, Modern writers and other essays. London 1969, S. 56–62

HENAFF, MARCEL: Sade. L'espace du tableau et l'imaginable. In: Revue romane 11 (1976), H. 2, S. 267–285

IZZO, JEAN-CLAUDE: Sade marquis de Lacoste. In: Europe 50 (1972), H. 522, S. 127–138

JUIN, HUBERT: Sade entier. In: Europe 50 (1972), H. 522, S. 10–15

KLOSSOWSKI, PIERRE (Mitarb.): Das Denken von Sade. Hg. von «Tel Quel». Aufsätze. München 1969 (Reihe Hanser. 16)

LABORDE, ALICE M.: Sade. L'érotisme démystifié. In: L'esprit créateur 15 (1975), S. 438–448

LACOMBE, ROGER G.: Sade et ses masques. Paris 1974

LEE, VERA: The Sade machine. In: Studies on Voltaire and the eighteenth century 98 (1972), S. 207–218
LELY, GILBERT: Sade. Etudes sur sa vie et sur son œuvre. Paris 1967 (Collection Idées. 120.)
MARGOLIN, JEAN-CLAUDE: Lectures de Sade. In: Etudes françaises 3 (1967), S. 410–413
MONTEL, JEAN-CLAUDE: Sade encore un effort. In: Europe 50 (1972), H. 522, S. 15–23
NEBOIT-MOMBET, JANINE: Un logicien de la déraison. In: Europe 50 (1972), H. 522, S. 48–53
PLEYNET, MARCELIN: Souscription de la forme. Sade lisible. In: FOUCAULT, MICHEL (u. a.): Théorie d'ensemble. Paris 1968. S. 337–350
STARKE, MANFRED: Marquis de Sade. In: Beiträge zur romanischen Philologie 8 (1969), S. 108–114
STEPHANE, NELLY: Morale et nature. In: Europe 50 (1972), H. 522, S. 23–42

3. Untersuchungen

a) Allgemeines

BARTHES, ROLAND: Sade, Fourier, Loyola. Frankfurt a. M. 1974
BATLAY, JENNY H.: Diderot et Sade. Affinités et divergences. In: L'esprit créateur 15 (1975), S. 449–459
BERMAN, LORNA: The Marquis de Sade and religion. In: Revue de l'Université d'Ottawa 39 (1969), S. 627–640
CERRUTI, GIORGIO: Le paradoxe sur le comédien et le paradoxe sur le libertin, Diderot et Sade. In: Revue des sciences humaines 37 (1972),H. 146, S. 235–251
DELON, MICHEL: Sade face à Rousseau. In: Europe 50 (1972), H. 522, S. 42–48
DIDIER, BEATRICE: Sade et le dialogue philosophique. In: Cahiers de l'Association internationale des études françaises 24 (1972), S. 59–74
Le château intérieur de Sade. In: Europe 50 (1972), H. 522, S. 54–64
L'exotisme et la mise en question du système familial et moral dans le roman à la fin du XVIIIème siècle: Beckford, Sade, Potocki. In: Studies on Voltaire and the eighteenth century 152 (1976), S. 571–586
Sade. Du conte philosophique au roman épique et romantique. In: Le préromantisme, hypothèque ou hypothèse? Colloque ... Paris 1975, S. 209–218 (Actes et colloques. 18)
FINK, BEATRICE C.: Food as object, acitivity and symbol in Sade. In: The Romanic review 65 (1974), S. 96–102
Sade and cannibalism. In: L'esprit créateur 15 (1975), S. 403–412
The case for a political system in Sade. In: Studies on Voltaire and the eighteenth century 88 (1972), S. 493–512
GALLOP, JANE: «Exogamy and Incest». In: Modern language notes 89 (1974), S. 1041–1045
HACKEL, ROBERTA J.: De Sade's quantitative moral universe of irony, rhetoric, and boredom. The Hague 1976 (De proprietatibus litterarum. Ser. practica 95)
HAMPSHIRE, STUART: The theatre of Sade. In: HAMPSHIRE, Modern writers and other essays. London 1969. S. 63–70
IVKER, BARRY: On the darker side of the Englightment. A comparison of the literary techniques of Sade and Restif. In: Studies on Voltaire and the eighteenth century 79 (1971), S. 199–218
LABORDE, ALICE M.: La notion d'isolisme et ses implications lyriques dans l'œuvre

du marquis de Sade. In: Studies on Voltaire and the eighteenth century 88 (1972), S. 871–880

LACOMBE, ANNE: Du théâtre au roman: Sade. In: Studies on Voltaire and the eighteenth century 129 (1975), S. 115–143

LAFARGE, CATHERINE: «Les Délices de l'Amour» de Restif de la Bretonne: Attaque efficace contre Sade? In: Studies on Voltaire and the eighteenth century 153 (1976), S. 1245–1253

LEDU, JEAN: Les sources de l'athéisme et de l'immoralisme du Marques de Sade. In: Studies on Voltaire and the eighteenth century 68 (1969), S. 7–66

REGARD, MAURICE: Balzac et Sade: Année balzacienne 1971, S. 3–10

SWITZER, RICHARD: Racine, Sade, and the daisy chain. In: Studies on Voltaire and the eighteenth century 155 (1976), S. 2063–2169

WERNER, STEPHEN: Diderot, Sade and the gothic novel. In: Studies on Voltaire and the eighteenth century 114 (1973), S. 273–290

WOLF, H. J.: Pour un examen du vocabulaire sadien. In: Le français moderne 45 (1977), S. 48–51

YOUNG, GEORGE J.: Sade, los decadentistas y Bradomin. In: Cuadernos hispanoamericanos 100 (1975), H. 298, S. 112–130

b) zu einzelnen Werken

FAVRE, PIERRE: Sade utopiste. Sexualité, pouvoir et Etat dans le roman «Aline et Valcour». Paris 1967 (Travaux et recherches de la Faculté de droit et des sciences économiques de Paris. Sér. Science politique. No 12)

ANDRE, ARLETTE: Recherches sur l'épicurisme de Sade: «Florville et Courval». In: Studies on Voltaire and the eighteenth century 151 (1976), S. 119–129

MILLER, NANCY K.: «Juliette« and the posterity of prosperity. In: L'esprit créateur 15 (1975), S. 413–424

LACOMBE, ANNE: «Les Infortunes de la Vertu», le conte et la philosophie. In: L'esprit créateur 15 (1975), S. 425–437

PASI, CARLO: Justine e il suo doppio. In: Saggi e ricerche di letteratura francese N. S. 15 (1976), S. 183–207

LABORDE, ALICE M.: Sade: La dialectique du regard dans «La Marquise de Gange». In: Romanic review 60 (1969), S. 47–53
Sade: «La Marquise de Gange». In: Symposium 23 (1969), S. 38–45

c) zur Wirkung

BERMAN, LORNA: The Marquis de Sade and his critics. In: Mosaic 1 (1968), H. 2, S. 57–73

JEAN, RAYMOND: L'imitation de Sade. In: Europe 50 (1972), H. 522, S. 88–105

TABERNER-PRAT, JOSEMARIA: Über den Marat, Sade von Peter Weiss. Artistische Kreation und rezeptive Mißverständnisse. Stuttgart 1976 (Stuttgarter Arbeiten zur Germanistik, Nr. 8) [Zugl. Phil. Diss. Barcelona 1973]

NAMENREGISTER

Die kursiv gesetzten Zahlen bezeichnen die Abbildungen

QUELLENNACHWEIS DER ABBILDUNGEN

Die Ziffern bezeichnen die Buchseiten

Ullstein Bilderdienst, Berlin: Umschlag-Vorderseite, 10, 12, 51, 70/71, 82, 126, Umschlag-Rückseite / Man Ray, Paris: 6 / Historia-Photo, Bad Sachsa: 9, 22/23, 24, 34, 38/39, 56, 72, 80, 91, 92 / Archiv für Kunst und Geschichte, Berlin: 11, 83 / Süddeutscher Verlag, Bild-Archiv, München: 13 / Archiv Mohrbooks, Zürich: 14 / Rowohlt-Archiv, Reinbek bei Hamburg: 17, 111, 113 / Historisches Bildarchiv Lolo Handke, Bad Berneck: 19, 20, 49, 63, 75, 79, 95, 103 / Aus ‹Paul Ginisty, La Marquise de Sade›· 26, 61, 65 / Aus ‹Moderne Enzyklopädie der Erotik›: 29, 87 / Radio Times Hulton Picture Library, London: 30/31, 97, 128 / Aus ‹Hirschfeld/Spinner, Geschlecht und Verbrechen›: 33 / Photo Bulloz, Paris: 40/41, 55 / Aus ‹Dr. Ernst Schertel, Der Flagellantismus als literarisches Motiv›: 43, 88, 115, 116, 118, 119 / Musée Carnavalet (Foto Cl. Goldner): 67 / Bibliothèque Nationale (Foto Cl. Goldner), Paris: 68/69 / Musée Carnavalet (Foto Cl. Larousse): 76 / H. Roger Viollet, Paris: 85 / Aus ‹L'Œuvre des Restif de la Bretonne›: 86 / Aus ‹Dr. Eugen Dühren (Ivan Bloch), Neue Forschungen über den Marquis de Sade und seine Zeit›: 89, 107 / Foto Ilse Buhs, Berlin: 98 / Aus ‹Pisanus Fraxi, Index Librorum Prohibitorum›: 108/109 / Aus ‹Morus, Weltgeschichte der Sexualität›: 121 / Keystone-Photo, München: 122 / Éditions du Seuil, Paris: 124

rowohlts monographien

in Selbstzeugnissen und Bilddokumenten
Herausgegeben von Kurt und Beate Kusenberg

bildmono rororo graphien

Betrifft: Philosophie Religion

963/3–3a

Aristoteles
J. M. Zemb [63]

Sri Aurobindo
Otto Wolff [121]

Ernst Bloch
Silvia Markun [258]

Jakob Böhme
Gerhard Wehr [179]

Dietrich Bonhoeffer
Eberhard Bethge [236]

Giordano Bruno
Jochen Kirchhoff [285]

Martin Buber
Gerhard Wehr [147]

Buddha
Maurice Percheron [12]

Cicero
Marion Giebel [261]

Friedrich Engels
Helmut Hirsch [142]

Erasmus von Rotterdam
Anton J. Gail [214]

Ludwig Feuerbach
H. M. Sass [269]

Franz von Assisi
Ivan Gobry [16]

Gandhi
Heimo Rau [172]

Georg Wilhelm Friedrich Hegel
Franz Wiedemann [110]

Martin Heidegger
Walter Biemel [200]

Johann Gottfried Herder
Friedrich Wilhelm Kantzenbach [164]

Max Horkheimer
Helmut Gumnior und Rudolf Ringguth [208]

Karl Jaspers
Hans Saner [169]

Jesus
David Flusser [140]

Johannes der Evangelist
Johannes Hemleben [194]

Immanuel Kant
Uwe Schultz [101]

Sören Kierkegaard
Peter P. Rohde [28]